학생들은 자신이 자신 삶의 주인, 학교의 주인임을 깨달을 때, 그리고 주인이라는 것이 진정 어떠한 것인지를 깨달을 때 생각과 행동이 크게 바뀝니다. 그리고 주인으로서의 행복감을 찾아갈 수 있습니다. 선생님 또한 마찬가지입니다. 삶의 질과 행복감은 학생들과의 관계로 결정됩니다. 교실에서 교사가 행복했으면 좋겠다는 생각에서 출발한 이 책은 선생님과 학생이 함께 보다 행복한 교실을 만들어가는 데 새로운 지침이 될 것입니다. 자치는 어렵거나 거창한 것이 아닙니다. 평소 자치가 어렵고 두려운 교사, 새로운 시선으로 자치를 바라보고 싶은 교사, 새로운 자치 프로그램이 필요한 학교 관계자들께 실천 사례 중심으로 자치를 소개한 이 책을 적극 추천합니다. 이 책을 통해 학생자치와 교사자치에 대해 자기 철학을 세우며 학교생활에서 학생과 교사가 함께 행복으로 다가가는 토대를 다질 수 있으리라 기대합니다.

- 박남기(광주교대 교수 겸 전 총장, 대한교육법학회 회장)

아이들이 살아 있는 학교가 느껴집니다. 학교자치의 다양한 이야기를 담은 이 책은 학생자치의 개념에서부터 우리가 함께 도전해볼 수 있는 학생자치와 교사자치 활동, 관련 교육정책 제안까지 누구나 공감할 수 있는 내용으로 구성되어 있습니다. 학교자치란 학교구성원 모두가 학교의 주인이라는 생각으로 학생, 학부모, 교직원 모두의 생각을 존중하고 배려하며 함께 협력해가는 과정입니다. 이 책에 나온 학교자치활동 사례가 주춧돌이 되어 수업과 우리 아이들의 일상 속에 자치문화가 널리 확산되기를 소망해봅니다.

- 장휘국(광주광역시교육감)

학교민주주의 실현을 위한 여러 노력이 교육현장에서 다양하게 시도되고 있습니다. 그 과정 중 하나인 이 책은 기존의 고정된 틀에서 벗어나 학생이 독립적 인격체로 성장할 수 있도록 노력한 교사의 숨결이 고스란히 느껴져 더욱 특별합니다. 분명 학교자치와 학생자치는 학교민주주의와 교육자치를 실현할 수 있는 핵심 원동력입니다. 이 책이 자치에 대한 현장 교사들의 이해와 관심을 높여 학교현장의 자치 문화가 확산됨은 물론 사회적으로 민주주의를 다 함께 꿈꿀 수 있는 마중물이 되기를 기대합니다.

- 안석(광주광역시교육청, 시민참여담당관)

학교 안에서 학생들의 행복을 찾아주기 위해 애쓰는 교사들의 투혼에 감동했다. 특히 학교에서 자치활동 프로그램을 통하여 학생들 스스로 인간의 존엄성을 터득해갈 수 있도록 하는 것은 교사가 교육현장에서 오랜 경험을 바탕으로 인권에 대해 고민한 흔적임을 알 수 있다. 이 책을 통해 우리 교실이 나아갈 길을 찾아본다.

- 문은현(국가인권위원회 대전인권사무소 소장)

계층 간의 다양한 갈등들이 심화되면서 사회대통합의 문제는 미래교육의 중요한 화두로 떠오르고 있다. 이러한 시점에서 성숙한 민주시민을 양성하고자 노력하고 있는 빛고을 교육가족들의 수고로움이 담긴 자치 관련 책의 발간은 더없이 시의적절하고 반가운 일이다. 이 책의 가치는 평화로운 공동체를 위한 책임 있는 구성원이 되는 방법을 두 교육의 주체들이 민주주의와 자치라는 실존적 제도 안에서 끊임없는 소통과 연습의 과정으로 풀어내고 있다는 점이다. 번영과 희망으로 나아가는 포용적 복지국가를 만드는 데 자치라는 귀한 씨앗을 만들어가고 있는 이 책의 이야기들이 행복한 미래교육의 방향을 잡아줄 의미 있는 등대 역할을 해낼 수 있으리라 기대한다.

- 이용섭(광주광역시장)

교사,

자치로
깨어나다

교사,

선생님들이 들려주는 학교자치 실천 이야기

자치로
깨어나다

김경희 외 9인 지음

에듀니티

자치로 깨어나는 행복 여행

학교 속 학생들이 행복했으면 좋겠다. 교실 속 교사가 행복했으면 좋겠다. 어떻게 하면 우리 스스로 우리의 행복을 되찾을수 있을까? 우리는 이 방법을 '자치'에서 찾고 있다. '학생자치'와 '교사자치'를 징검다리 삼아 행복으로 건너가는 방법을 실천하는 중이다.

'학교민주주의', '교육자치', '학교자치' 가 화두가 되고 있는최근 교육계의 흐름을 반영하여 자치를 택한 것이 아니다. 민주주의가 삶의 방향으로써 우리 생활에 직접적으로 영향을 주고있는 것처럼 자치 또한 자기다움을 찾아 자기 삶의 주인으로 살수 있도록 돕는 구체적인 교육 내용과 방법을 선별하는 데 유용한 기준이 될 수 있기 때문이다.

그래서 우리는 나다운 고유한 교육철학을 담아낸 교육활동을 설계하는 데 결정적인 도움을 줄 수 있는 자치에 대해 음미해보는 시간을 갖기로 했다. 자치를 상식 수준에서 이해하고 있는 교사와 맥락적 흐름 속에서 교육활동에 녹여내려는 의지를 가진 교사가 펼칠 수 있는 깊이가 분명 다르기에 오랜 시간 들여다보고 또 들여다보았다.

이 책에 학생자치에 대한 원론적인 내용이 아닌 자치철학으로 학급과 학년, 학교, 그리고 교사 조직 속에서 살아가는 교사와 학생들의 진솔한 모습을 담았다. 학생자치활동에 관심을 갖게 된 계기부터 자치활동 프로젝트를 진행해가면서 겪게 된 해프닝, 학생 대상의 학생자치역량 강화 워크숍, 후보자 교실, 회의 진행 사례들과 교사 대상의 학생자치 코칭연수와 컨설팅 진행 과정 속에서 성찰해낸 이야기를 편안한 대화 형식으로 기술하였다. 학교에서 알콩달콩 살아가는 교사와 학생 들의 모습을 드라마 속 한 장면처럼 상상하면서 자치활동에 대한 고유한 상을 만들어가기를 기대해본다.

이 책을 엮어낸 우리 10명은 처음부터 자치라는 주제에 관심을 갖고 학습공동체 활동을 해온 것은 아니다. 우리는 주제가 무엇이든 더불어 나누는 행위 자체가 좋아서 뭉쳤다. 결이 비슷하다 보니 오랜 시간 함께 머무르게 되었고 그 머무름 가운데 서로를 격려하고 지지해주며 무르익었던 대화가 이렇게 책으로 탄생하게 된 것이다.

오늘도 우리는 서로에게 질문을 던진다. '교사의 주체성과 학생들의 자치역량을 신장시키기 위해 무엇을 취하고 무엇을 버릴 것인가? 자신에게 진실된 인간이 될 수 있는 방법은 무엇일까? 자기 삶의 주인으로 우뚝 서기 위해 우리는 어떠한 노력을 할 것인가? 편견과 비뚤어진 신념에서 벗어나 스스로를 냉철하게 바라볼 수 있는 시선을 어떻게 키워나갈 것인가? 자율적이고 독립적인 인격체가 공동체 활동을 통해 확장된 자아와 만날 수 있도록 교육활동을 어떻게 디자인할 수 있을까?'를 묻는다.

우리는 서로에게 물음을 던지면서 깊은 사유의 세계로 함께 여행을 떠난다. 그리고 꼬리에 꼬리를 무는 질문 다발 끝에 작은 결론을 얻는다. 일상을 다른 시선으로 보려는 노력만으로도 행복의 징검다리를 놓는 것임을 깨닫는다. 소소한 일상을 낯선 시선으로 재해석해보고 문제의 본질을 깊게 들여다보기 위해 질문을 던지고 대답해보는 것으로 자율적이고 주체적인 인간, 삶의 주인으로 살아가는 성숙된 인간, 진취적인 자세가 만들어낸 확장된 세계의 경이로움을 맛보는 행복한 인간이 될 수 있다는 것을 발견한다.

책을 쓰기로 마음먹었던 초기에는 과연 우리가 나눈 이야기들이 그 누군가에게 의미 있게 전달될 수 있을까 염려스럽기도 했다. 그러나 우리는 책을 만들어가는 과정에서 서서히 알아가게 되었다. 나눔과 공유는 거창하거나 특별한 것이 아니라는 것을. 같은 하늘 아래서 같은 교사로 살아가는 이들에게 우리가 자치를 통해 성장한 미세한 의식의 변화 과정을 있는 그대로 들려주는 것 자체가 나눔일 수 있다는 것을. 나눔 활동에 동참하고자 하는 실천 의지와 서툴지만 한 걸음씩 전진해보려는 용기를 갖는 것만으로도 나눔이 될 수 있다는 것을 깨달았다.

미약하나마 출판 수익금을 종속적 생활 태도를 독립적이고 주체적인 자세로 혁신할 수 있도록 철학적 토대를 세우는 데 도움을 주신 사단법인 '새말 새몸짓'(대표자 : 실천철학자 최진석)에 기부함으로써 나눔과 실천에 동참하고자 한다.

끝으로 책 출판으로 교사로서 전문성을 신장시킬 수 있는 기회를 열어준 광주광역시교육청과 서부교육지원청 교육가족에게도 깊은 감사의 마음을 전한다. 무엇보다 이 책이 나올 수 있도록 '내 삶의 주인은 바로 나 자신'이라는 것을 기억하며 '자치로 깨어나는 행복 여행'에 적극 합류해준 모든 학생들에게 고맙다는 말을 하고 싶다.

2019년 11월
저자들을 대표하여
김경희

| 목차 |

1

학생자치,
넌 누구니?

학생자치가
뭐예요?

학생자치 개념
학생인권과 학생자치 관계
학교의 주인 의미
학생자치의 목표
학생자치가 이루어지기 위한 노력

학생자치가
뭐예요?

"선생님 반 학생들은 담임 닮아서 말을 잘하는 것 같아요!"

언젠가부터 동료교사들에게 이런 말을 종종 듣는다. 이러한 긍정적 피드백을 들을 때마다 뿌듯함과 함께 '말만 잘하는 학생들이 되지 않게 키워야 한다'는 부담감이 동시에 찾아든다.

말만 잘하는 학생으로 만들지 않기 위해 교사인 나는 무엇을 어떻게 디자인할 수 있을까? 말만 잘하는 사람이 되고 싶지 않아 내가 실천하고 있는 것은 무엇인가? 말하는 대로 행동할 때 걸림돌이 되는 것은 무엇이고, 이를 어떻게 극복할 수 있을까? 꾸준히 실천하기 위해서 어떤 환경을 만들어야 할까? 나는 이 질문에 대한 답을 '학생자치'라는 교육활동에서 찾아왔다.

타인의 말에서 논리적 모순을 발견하여 반박하고 비판하는 말하기 연습이 아닌 더불어 잘 살기 위해 '내가 중심이 된 우리'가 노력할 수 있는 일들을 함께 의논하며 찾아보는 학생자치활동.

한 개인을 넘어 공동체 구성원들이 겪고 있는 문제들을 발견하여 민주적인 의사소통과정을 통해 해결방법을 찾아 학생들 스스로가 주도적으로 실천해나가는 학생자치활동.

바로 '나'부터 변화의 시작점이 되어야 '우리'가 함께 성장할 수 있으며, '나'를 포함한 '우리'가 서 있는 이곳이 세상을 바꾸는 출발점이 될 수 있다는 확신으로 크고 작은 경험들을 함께 디자인해나가는 학생자치활동.

학생자치활동에 관심을 갖고 여러 해 동안 학생들과 활동을 기획하고 실천하다 보니 학생만큼이나 나 또한 주체적인 교사로 성장하고 있다는 것을 알아차리게 된다. 매일 한 걸음 한 걸음, 소소한 일상을 삶의 주인으로 살아가는 사람들 곁에 오래 머무르고 싶어 하는 나를 발견한다.

'자치, 학생자치, 학교자치'라는 개념은 그 다양성 만큼이나 해석하는 이에
따라 다르게 정의된다. 내 경우에는 학생자치를 '학급, 학교 구성원으로서 스스
로 학교의 주인이 되어 공동의 문제 해결에 적극적으로 참여하고, 민주적인 의
사결정 과정에 따라 협의하며, 역할을 분담하여 자발적으로 실천하는 활동'으
로 이해하고 학교현장에서 내가 구현해낼 수 있는 방향으로 자치활동을 펼쳐
나가고 있다.

이러한 학생자치활동이 효율적으로 이뤄지기 위해서 다음과 같은 경험을
체계적으로 해나가야 한다.

1. 학교의 주인이 갖추어야 할 태도 알기
2. 공동의 문제를 발견하는 방법 알기
3. 민주적인 의사소통 방법 익히기
4. 효율적인 팀 조직 방법과 팀 내 역할분담 방법 익히기
5. 효율적인 시간 관리 방법 익히기
6. 인적·물적 자원을 활용하는 방법 익히기
7. 문제 관찰하는 방법 익히기
8. 문제를 해결할 수 있는 다양한 방법 알기

학생들이 모여서 토의·토론만 할 뿐 실천으로 엮어내지 못한다면 이를 학생
자치활동이라고 할 수 있을까? 학생들 스스로가 주인의식을 갖고 합의한 결과
를 행동으로 옮길 수 있는 동력을 생산해낼 때 비로소 학생자치활동이 이루어
지고 있다고 말할 수 있다.

학생자치,
학생인권에서 출발한다

"선생님, 저희 어디선가 만난 적이 있지 않나요?"

학생들과 과학체험을 위해 창의융합과학교육원에 갔다. 우리 반을 담당하신 강사님이 분명 안면은 있으나 도통 어디서 뵌 분인지 기억이 나질 않았다. 과학교사로 재직하셨던 그 분과 나는 어떤 인연이 있었던 것일까?

기억을 더듬고 더듬다가 결국 궁금증이 극에 달해 조심스레 선생님께 직접 여쭈어봤다. 그분 또한 나와 같은 생각을 하고 계셨다. 서로 지나온 길을 하나둘 맞춰가다 보니 6~7년 전 국가인권위원회 인권강사단 활동을 하면서 만났다는 사실을 찾아냈다.

오래전, 인권에 관심을 갖기 시작했던 때가 새록새록 떠올랐다. 그 당시 6학년 담임 경력이 없던 나는 학교를 옮기면서 처음으로 6학년을 맡게 되었다. 이는 낯섦을 넘어 막중한 부담감을 안겨주었다.

심지어 한 선생님께서 조용히 오셔서 우리 반에 왕따를 당했던 친구 몇 명의 스토리와 강한 개성으로 다툼이 잦았던 굵직한 사건 몇 가지를 전해주시는 바람에 부담감은 더 커졌다. 과연 내가 이 아이들을 무사히 졸업시킬 수 있을까?

그 상황을 해결하기 위해 관심을 갖기 시작했던 것이 바로 '인권', '학생인권'이었다. 2012년, 교육청에서 민주인권평화동아리 활동을 지원해주는 정책이 처음 시행되었고, 나는 어떠한 폭력도 일어나지 않았으면 하는 바람으로 '인권'이라는 가치를 중심에 두고 학급경영 계획을 세웠다.

학교폭력예방교육 차원에서 인권을 존중하는 생활습관의 기초를 다질 수 있는 액션러닝 팀 협력활동, 인권을 주제로 한 동화책 돌려 읽기, 인권영화 감상, 인권놀이 개발 등 인권을 주제로 다채로운 학급활동을 해나갔다. 인권에 대해 알아가는 활동을 통해 학생들에게 개개인의 존엄성이 인정되어야 할 당위성과 그 속에서 공동체성이 발휘되어야 함을 강조하였다.

그 시절 나 또한 인권에 대해 무지한 스승이었기 때문에 상황에 따라 외부 전문 강사의 도움을 받으며 시행착오를 거쳐 학생들과 함께 더듬더듬 인권에 대해 배워나갔다.

웃고 울면서 무사히 학생들을 졸업시키고 인권에 대한 매력에 조금씩 눈을 뜰 때쯤, 우연한 기회에 지인의 소개로 인권강사단 활동에 참여하게 되었다. 지금 내가 관심을 두고 있는 학생자치의 뿌리인 인권에 대한 시야를 넓히는 데 그 시절 인권강사단과의 교류가 결정적인 역할을 하지 않았나 싶다.

첫 스터디 날, 각지에서 오신 강사분들과 인사하는 자리를 가졌다. 여성인권, 노인인권, 장애인인권, 다문화인권, 아동인권, 청소년인권, 노동자인권, 학생인권 등 내가 알고 있는 것보다 인권의 영역이 훨씬 넓다는 사실만으로도 인권에 대해 배워야 할 동기가 충분하였다. 소수자의 인권을 보호하기 위해 우리가 알고 실천해야 할 내용과 방법들을 연구해 볼 수 있는 특별한 경험이었다.

'아는 만큼 보인다'고 하지 않던가? 인권 관련 스터디 활동을 통해 인간에 대한 호기심과 관심이 깊어지다 보니 학교에서 펼치고 있던 교육활동들을 자치철학으로 엮어내고 싶은 바람이 자연스럽게 솟아났다.

학생들에게 자율권을 돌려주는 것은 당연했고, 그 자율권이 조화롭게 발휘되기 위한 권리와 책임 교육, 자율권을 행사해볼 수 있는 실천적 경험이 현실화될 수 있도록 기존 시스템을 바꾸지 않을 수 없었다.

감사하게도 그 당시 근무했던 학교에서는 연구학교가 아님에도 불구하고 자발적으로 자치문화를 만들어보고자 하는 뜻을 높이 평가하여 'OO초의 꽃, 학생자치'라는 슬로건을 내걸고 학생회 시스템과 기존의 교육활동을 새롭게 디자인해볼 수 있도록 적극 동참해주셨다. 분명 동료교사들의 지지와 적극적인 협조가 없었더라면 결코 실현될 수 없었던 성공적인 경험들이었다. 지금 그 시절을 떠올리는 것만으로도 벅참과 감동 그리고 감사함에 가슴이 뭉클해진다.

"학생자치활동에 쉽게 도전해볼 방법 없을까요?"

"인간에 대한 호기심과 관심만 있다면 기존에 교실에서 익숙하게 해오던 방법이 새로운 시각에서 학생자치활동으로 진화되어가는 것을 경험할 수 있을 거야."

학생자치활동 방법에 대해 궁금해하는 후배에게 자치의 뿌리가 되었던 인권과의 만남 스토리를 살짝 풀어내본다.

.... tip ....

폭력 없는 학급을 만들기 위한 노력으로 시작했던 학생인권교육은 자치활동을 펼치는 데 탄탄한 토대가 되어주었다. 학생들에게 다양한 학생자치활동 방법에 대한 안내를 할 때, 인권교육이 병행되어야 한다.

학생들 스스로가 주인이 되어 적극적으로 소통하는 학생자치활동이 이루어지기 위해서는 무엇보다 학생들 서로 간에 다름을 인정하고 편견 없이 바라볼 수 있는 인간 존엄에 대한 깊은 이해가 선행되어야 하기 때문이다.

"아이야, 너는 불쌍해서가 아니라 이 나라의 미래이기 때문에 도움이 필요한 거야."라고 한 안젤리나 졸리의 말이 떠오른다.

학생인권,
인간의 존엄성에서 시작된다

불현듯 어릴 적 내 모습이 떠오른다. 나는 세상 사람들이 모두 나와 비슷한 생각을 하는 줄 알았다. 단지 상황에 따라 일부러 행동만 달리한다고 생각했다. 가끔 이해되지 않는 상황을 볼 때면 분명 그 사람도 알고 있지만 다르게 행동할 수밖에 없는 이유가 있어서 그렇게 행동하는 거라 여겼다. 자신이 어리디 어린 꼬마인 줄 모르고 어른들이 무슨 생각을 하는지 다 아는 듯한 표정과 눈빛으로 세상을 바라보는 맹랑한 아이였다.

학교에 들어가고 한참이 지난 후에야 나는 이런 내 생각이 틀렸다는 것을 알게 되었다. 타인과 나는 완전히 다른 존재라는 것을 알아버린 것이다. '우물 안 개구리'라는 말을 처음 들었던 때를 선명하게 기억한다. 그 개구리가 나라는 것을 알게 된 순간이었기 때문이다.

그래서일까? 언젠가부터 예상치 못한 행동을 보면 몇 가지 상황을 시나리오로 그려보는 습관이 생겼다. '분명 그 사람에게는 그럴만한 이유가 있을 거야!'라 생각하며 몇 가지 추측과 상상을 해보는 것이다. 그것이 타인을 이해하기 위한 선의라고 여겼다.

그러나 이런 나의 습관이 결코 타인을 위한 것이 아닐지 모른다는 생각을 하게 됐다. 오히려 내 마음이 편하기 위해 취한 행동이었다는 것이 정확한 표현이겠다. 게다가 그동안 내가 타인을 이해한다고 해왔던 수많은 상상의 시나리오가 나의 시선에 따라 계속 달라져왔다는 것도 알게 되었다. 내가 편협한 시선을 가질수록 시나리오 스펙트럼 또한 한없이 좁아졌던 것이다.

이제는 그 어떠한 훌륭한 시나리오도 나만의 시선 속에 갇힌 상상의 대본이라는 것을 알게 되었다. 그래서 더 이상

시나리오 작성 자체가 무의미하다는 것을 깨달았다. 누구나 그 사람만의 존엄을 가지고 있기에 모든 행위에는 분명 그 나름의 목적이 있을 것이며, 내가 감히 또 다른 우주에 대해 자의적으로 추측하고 판단하면서 평가할 자격이 있는가 하는 의문이 들기 시작한 것이다.

나는 오늘도 예전과 똑같은 단어를 사용하여 "분명 그럴 만한 이유가 있지 않을까요?"라는 말을 하고 있다. 그러나 오늘 내가 뱉은 이 말은 어제까지 내가 해왔던 말과는 다르다. 오늘의 이 말은 인간의 존엄에 대해 한 발짝 다가가는 경험을 통해 나온, 예전과 비교할 수 없는 다른 차원의 말인 것이다.

'학생인권 존중'이라 하면 머리로는 이해되지만 학교현장에서 현실화시키기에는 만만치 않은 조건과 상황들이 무수하게 많을 것이다. 이러한 상황에서 벗어나기 위해 내가 중점적으로 노력하고 있는 것 중 하나는 나의 한계를 매 순간 기억하려는 태도이다. 내가 생각하는 좋음과 올바름을 학생들에게 강요하지 않아야 한다는 것을 매 순간 자각하는 자세이기도 하다. 그런 태도 덕분인지 학생들과 자치활동을 운영해나가면서 그들이 활동의 주인이 될 수 있는 환경을 좀 더 수월하게 디자인할 수 있는 아이디어를 얻곤 한다.

선생님이 우리가
학교의 주인이라고 했어요

"학교의 주인은 누구일까?"

"저희요!"

"왜 너희라고 생각해?"

"선생님이 우리가 학교의 주인이라고 했어요!"

"그래? 선생님은 왜 너희를 학교의 주인이라 했을까?"

"……."

학교민주주의를 실현시키기 위한 모토가 될 수 있는 '학교
의 주인은 학생입니다'라는 문장은 교사에게는 낯익은 표현

이다. 그렇다면 이 말을 학생들은 어떻게 이해하고 있을까?

"우리는 우리가 주인인지 전혀 모르겠는데, 선생님이 저희 보고 주인이래요. 선생님께서 거짓말하지는 않으시잖아요? 그러니 우리가 주인이 맞긴 하나 봐요."

교사의 권위에 눌려 의심 없이 믿어버린 것일까? 이 또한 수학 책에 나온 여러 수학 공식들처럼 암기해버린 것일까?
일상의 자잘한 경험을 통해 '내가 바로 학교의 주인이구나!'라고 학생들 스스로가 알아차릴 수 있도록 기회를 만들어주지 못한 교육의 민낯이 여실히 드러난 것 같아 부끄러웠다.

학생들이 학교의 주인이라는 것을 공식이 아닌 경험을 통해 깨닫도록 하려면 교사는 어떤 활동부터 시작할 수 있을까? '주인'과 '학교의 주인'의 의미와 태도에 대해 꼬리에 꼬리를 무는 질문을 던지는 토의·토론 활동부터 시작해보면 어떨까? 자치활동에 임하는 구성원들이 '학교의 주인'에 대한 공통 개념을 함께 만들어보는 것만으로도 학생자치의 방향과 활동 내용을 설계하는 데 큰 도움이 될 것이다.

교사가 말하는 학교의 주인,
학생이 이해한 학교의 주인

"학교의 주인은 누구일까?"

"교장선생님?"

교사가 의도적으로 아무런 반응을 보이지 않자 학생들은 학생, 학생회장, 선생님, 부모님까지 학교와 관련된 사람들을 하나씩 찾아내기 시작한다. 이번에도 교사는 아무런 반응을 보이지 않는다. 그러고는 나지막하게 다른 질문을 던진다.

"갑자기 궁금하네. 우리는 어떤 사람을 '주인'이라고 할까?"

"가게 사장님처럼 물건이나 건물을 돈 주고 산 사람이요."

"아랫사람들에게 지시도 내릴 수 있고 자기 마음대로 할 수 있는 사람이요."

"그럼, 학교의 주인은 어떤 사람을 말하는 것일까?"

"학교를 세운 사람이요. 학교 건물주요."

"학교를 자기 마음대로 바꿀 수 있는 사람이요."

"학교의 문제를 결정하는 사람이요."

순간 깜짝 놀랐다. 학생과 교사인 내가 이해하고 있는 주인에 대한 개념이 서로 다를 수 있다는 생각을 그동안 왜 하지 못했을까? 교사는 건물주를 학교의 주인으로 해석해 본 적이 없을 것이다. 학교를 교장선생님이 세운 것으로 알고 있는 학생도 있어 이 또한 충격적이었다. 주인의 의미를 '소유권자'로 이해하고 있는 학생에게 그동안 자율과 책임에 대해 말하며 주인의식을 기대했었구나.

"학교의 주인답게 적극적으로 팀 활동에 참여하자!"

학년 팀프로젝트 활동을 할 때마다 교사가 사용했던 이 말이 그동안 학생들에게는 얼마나 모호하게 들렸을까? 주인이 어떤 사람인지를 명확하게 알아야 '주인다운 행동'을 알

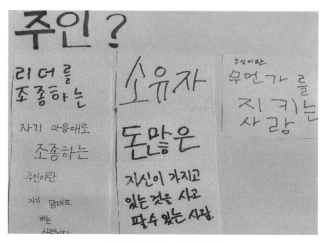

아이들이 생각하는 주인의 의미

수 있을 것이고, 구체적인 행동에 대한 실천 방법을 구상할
수 있을 텐데 말이다.

　예상치 못한 학생들의 반응에 충격을 받아 한동안 아무
생각도 떠오르지 않아 멍하니 있다가 정신을 차린다. 충분히
가능한 일이다. 그럴 수 있다. 지금이라도 발견한 게 어딘가?
길을 잘못 들었다는 것을 알았으니 서슴지 말고 빠르게 돌
아가면 된다. 나에게 익숙하다고 느껴지는 것들을 낯설게 바
라보는 연습을 지금보다 더 부지런히 하자!

　먼저 책상을 원 모양으로 만들었다. 학생 모두가 얼굴을

마주보고 대화에 적극적으로 참여할 수 있도록 하기 위해서였다. 그리고 '학교의 주인은 누구일까요?'라는 질문으로 대화를 시작한다. 학교의 주인이 갖는 공통된 특징을 학생 스스로가 대화를 통해 발견하도록 한 것이다.

강의식 설명이 아닌 이해 정도가 다른 학생들이 또래 친구들의 이야기를 들으면서 학교의 주인에 대한 공통된 합의를 이끌어내는 과정을 디자인한 것이다. 여기에서 교사는 학생의 말에서 논리적 모순을 찾아 재질문하는 역할을 담당하였다.

대화가 무르익어 갈수록 학생들은 학교에 관심을 갖고 노력하는 사람이라면 누구나 학교의 주인임을 깨달아간다. 스스로가 학교의 주인이라 여기고, 학교의 발전과 학생의 배움과 성장을 위해 아낌없는 조언과 피드백을 할 수 있으면 학교의 주인이 될 수 있다는 것을 알아간다. 학생이라는 신분만으로 학교의 주인이 되는 것이 아니라 학교를 바라보는 시선과 공동체 활동에 임하는 태도에 의해 결정된다는 것까지 성찰해낸다.

T : '학교의 주인'은 누구일까요?	

✓	↘

S : 교장선생님이요.	S : 우리요.
T : 그렇게 생각하는 이유가 무엇인가요?	T : 그렇게 생각하는 이유가 무엇인가요?
S : 교장선생님이 학교에서 가장 **높잖아요.**	S : **우리들이 잘 배우기 위해 모든 것이 있**
교장선생님이 학교를 **세웠잖아요.**	**으니 당연히 우리가 주인이죠.** 학생들
교장선생님이 말하면 **따라야 하잖아요.**	이 없으면 학교가 사라져요.
교장선생님이 **마음대로 학교를 바꿀 수**	부모님 세금으로 학교를 지었으니 **학교**
있잖아요.	**는 우리 모두의 것이에요.**
	학생뿐만 아니라 학교 일에 관심을 갖 고
	열심히 참여한 사람 모두가 주인이 될
	수 있지 않을까요?

T : 어떤 사람을 보고 '주인'이라고 하나요?	

S : 물건과 건물을 돈을 주고 산 사람	S : **중요한 사람이요.**
이요. 가게 사장님처럼 **지시를 내리**	관심을 갖고 잘 관리하는 사람이요.
는 사람이요.	소중하게 다루는 사람이요.
자기 마음대로 바꿀 수 있는 사람	주인답게 행동하는 사람이요.
이요.	

T : '주인 = 리더'일까요?	

S : **서로 다른 말이에요.**	S : 주인과 리더는 비슷한 점이 많아요.
주인은 무언가를 **소유한 사람이고,**	**모두 자유롭게 결정할 수 있는 것도**
리더는 반장처럼 **이끄는 역할을 하**	**많지만 자기 결정에 대한 책임이 따**
는 사람을 말해요.	**라요.**
주인은 **여러 명이 될 수 있지만, 리더**	주인이 노력하면 리더가 될 수 있
는 팀원들이 인정하여 팀을 이끌어	고, 리더도 노력하면 주인이 될 수 있
가는 한 명을 말해요.	어요.
리더가 **여러 명이 될 수 없어요.**	**정해진 것이 아니라 노력하면 누구**
	나 될 수 있어요.
	역할에 따라 주인과 리더가 여러 명
	이 될 수도 있어요.

S : 서로 **같은 말**이에요.
반장과 리더는 공통적으로 사람들을
통솔하는 역할을 하는 **대장**이에요.

S : 아니요. 비록 학급의 반장으로 **뽑혔**
더라도 계속해서 팀원들에게 좋은
영향을 주지 못하면 리더라고 할 수
없어요. **모든 반장이 리더이지는 않**
아요.

학교의 주인이 '교장선생님'이라 답하는 학생들에게 다음과 같은 질문으로
반응해보면 어떨까?

- 교장선생님이 학교의 주인이라고 말한 이유가 무엇이니?
- 어떤 사람을 주인이라고 말할 수 있을까?
- 학교에 다니면 모두가 주인이 되는 것일까?
- 학교의 주인이 되기 위해 갖춰야 할 태도는 무엇일까?

함께 이야기를 나누다 보면 학교에 애정과 관심을 갖고 학교 구성원들의 성
장을 위해 시간과 에너지를 투자하는 사람 누구나 학교의 주인이 될 수 있다는
것을 발견할 수 있을 것이다. 앉으나 서나 학교 생각을 하는 교장선생님이 왜
학교의 주인이 될 수밖에 없는지 자신 있게 말할 수 있을 것이다.

'학교의 주인은 누구일까?'에 대해 학생들에게 이야기를 하다 문득 '내 삶의
주인은 누구지? 교사인 나는 내 삶의 주인으로 주체적으로 살아가고 있나?' 하
는 질문이 내 안으로 흘러들어 온다.

과연 나는 주체적인 삶에 대해 깊이 사유해본 적이 있는가? '주체적인 삶'의 태도를 머리로만 알고 마치 내가 주체적으로 살고 있다 착각하고 있지는 않는가? 삶에서 익숙하고 편한 것들에 대해 아무런 질문 없이 순종적으로 받아들이고 피동적으로 반응하고 있지는 않는가? 사회적 통념이나 권위, 윤리적 잣대, 편견에 사로잡힌 판단과 평가 등에 짓눌린 줄도 모르고 대세에 휩쓸려가고 있지는 않는가? 나의 독립적인 주체성을 회복하기 위해 지금 내가 취해야 할 것과 버려야 할 것들은 무엇이고 내가 가진 한계점은 무엇일까?

학생에게 주인으로 살아가는 삶의 모습들에 대해 물음을 던지기 전에 나 스스로에게 진정 나는 삶의 주인으로 살아가는지 질문을 던져본다.

교사 자신이 주인의식을 가지고 살아갈 때 비로소 학생들에게도 주인다운 삶을 살 수 있는 방법들에 대해 들려줄 수 있지 않을까? 교사의 편협한 시선으로 인해 자칫 학생들의 무한한 가능성을 미리 차단하고 있는 건 아닌지 무엇보다 교사 자신의 내면을 깊게 들여다보는 시간을 가져보자.

우리 학생들이
달라졌어요

'중간놀이시간에 교장실에서 회의가 있습니다.'

1교시 수업 시작 전, 임시 부장회의 메시지가 날아온다.
무언가 급한 전달 사항이 있는 것이 분명하다.

"이렇게 급히 모이시라고 해서 죄송합니다. 최근 들어 깁스
한 학생이 부쩍 많아지고 있습니다. 교내 학생 올림픽경기 때
문일 수도 있겠지만 부장님들께서 학년별로 의논하셔서 생활
지도에 좀 더 신경써주셨으면 합니다."

교장선생님은 여러 차례 고민하시다가 오늘 아침 한 학생이 복도를 거칠게 뛰어가다 큰 사고가 날 뻔한 상황을 목격하신 후 급히 안전교육 관련 당부 말씀을 하신 것이다. 곧 동학년 선생님들께 내용이 전달되고, 선생님들께서는 수업 시작 전 안전교육을 할 것이다. 이는 학교에서 흔히 볼 수 있는 익숙한 풍경이다.

그런데 담임교사의 말을 듣고 '정말 심각한 문제가 될 수 있겠다. 조심히 다녀야겠는데'라고 다짐하며 스스로의 행동을 교정하는 학생이 과연 얼마나 될까? 안전교육 후, 아침까지 뛰었던 복도에서 차분하게 걷는 학생의 모습을 기대할 수 있을까?

생활부장인 내가 교장선생님보다 먼저 이 문제를 발견했으면 얼마나 좋았을까? 아직까지도 나는 학생들의 흐름이 눈에 들어오지 않는다. 학생들의 움직임과 변화를 날카롭게 포착하기 위해 학생들을 더 사랑해야겠다. 생활부장 역할을 제대로 못한 것 같아 잠깐 의기소침해 있다가 마음을 다잡으니 갑자기 아이디어가 떠오른다.

"혹시 이 문제를 학생자치회에서 해결해보면 어떨까요?"

점심시간, 학생자치회 회장단과 자치부장들이 한자리에 모였다. 학생자치회가 주체가 되어 문제를 해결해보는 첫 경험이 시작되는 역사적인 순간이다. 그런 만큼 생활부장과 자치 담당 교사가 이끌어줘야 할 책임이 크다는 의미이기도 하다.

"우리 학교 학생들 중 인대가 늘어났거나 삐었거나 골절 등으로 깁스한 학생들이 늘어난 것 같은데 어떠니?"

"맞아요. 요즘 깁스한 친구들이 자주 눈에 띄는 것 같아요."

"왜 그럴까? 문제의 원인을 찾아보면 해결방법을 찾는 데 도움이 될 것 같은데 어떻게 생각하니?"

"저희가 보건실에 갈 때마다 방명록에 이름과 처치한 내용을 적잖아요. 보건선생님께 여쭤보면 어때요?"

"학년을 나눠서 깁스한 학생들에게 왜 다쳤는지도 알아볼게요."

우리는 공동체의 문제를 스스로 해결하기 위해 힘차게 첫발을 뗐다.

"복도에서 뛰어다니다 미끄러졌어요."

"계단을 빨리 내려가다가 발을 헛딛었어요."

"점심시간에 축구를 빨리하고 싶어서 뛰어가다가 걸려 넘어졌어요."

"놀이터에서 놀다가 놀이기구에서 떨어졌어요."

"강당에서 체육 하다가 다쳤어요."

교장선생님 말씀이 맞았다. 최근 크고 작은 근육통이나 염좌 등으로 보건실을 방문하는 학생 수가 상당하였다. 보건실 방문자 수의 증가는 학생들의 안전불감증 문제를 일깨워 주는 근거 자료로 충분하였다. 데이터 분석 결과 특히 복도와 계단에서 급하게 뛰다가 다친 학생의 비율이 상대적으로 높다는 사실도 알게 되었다.

학생자치회에서 조사한 현황 분석 자료를 각 반에 전달하고 '어떻게 하면 우리가 복도와 계단에서 걸어다닐 수 있을까?'라는 안건으로 학급자치회의가 열릴 수 있도록 안내한 후, 학교자치회의에서 의견을 수렴하는 방법으로 진행했다. 학교자치회에서 안전한 학교생활을 위한 실내통행 문제 해결을 위한 실천 방법은 다음 네 가지로 수렴되었다.

복도나 계단에서 뛰었을 때

1. 하교 후 남아서 청소하기(담임선생님 지도)
2. 하교 후 학년 수준에 맞는 반성문 쓰기(담임선생님 지도)
3. 도서부 학생들이 안전한 생활 태도 관련하여 추천도서 소개하기
4. 5분 동안 복도 천천히 걸으며 반성하기

그러나 각 반 학급회의를 통해 나온 실천 방법들을 가만히 들여다보니 몇 가지 의문이 생겼다.

'칭찬은 고래도 춤추게 한다'고 말하면서 정작 우리는 문제 해결방법으로 규칙을 지키지 않는 학생을 벌 줄 방법만을 찾고 있지는 않는가?

'만약 ~하지 못한다면, 어떻게 해요?'라는 형식으로 이어지는 꼬리 질문에 대한 답을 찾느라, 해보기도 전에 할 수 없는 1% 장애요인을 찾느라 회의 시간을 허비하고 있지는 않는가?

왜 우리는 모든 인간은 인간답게 살고자 하는 의지를 가졌고, 인간에게는 선한 마음이 있다는 것을 의심하며 서로를 감시하는 방법에만 집중하는가? 교사는 학생들을 벌주고 감시하는 존재인가?

왜 우리는 득표수가 많은 의견을 최고의 생각이라 여기는 것일까? 소수의 의견에 담긴 탁월한 아이디어가 다수의 의견에 묻혀 반영되지 못하는 상황을 어떻게 극복할 수 있을까?

떠오른 질문들을 토대로 회의 결과를 검토해보기로 했다. 질문에 비추어 다득표로 결정되었던 의견에 대한 토의·토론을 다시 했더니 '모든 학생들은 (운동장 제외) 뛰게 되면 양심껏 스스로 뛴 곳까지 다시 걸어가서 천천히 걷는 것을 기억하며 다시 걷는다.'로 자연스럽게 해결방법이 바뀌는 놀라운 결과가 나왔다. 게다가 다득표는 아니었지만 '안전생활 관련 도서부 책 소개'도 병행하기로 하였다. 그때를 떠올리면 지금도 전율이 흐른다.

조회시간, 생활부장교사와 학생회장이 방송실에서 PPT 6장만 들고 만났다.

"민우야, 선생님이 그동안 우리가 해온 과정에 대해 너에게 질문을 할게. 그럼 너는 우리가 해온 과정을 있는 그대로 답하면 되는 거야. 할 수 있겠어?"
"예! 당연히 할 수 있죠."

활짝 웃는 얼굴에 자신감이 넘쳤다. 직접 실천해본 자만이 누릴 수 있는 여유리라. 방송 시작을 알리는 큐 사인이 떨어졌다. 2주 동안 때로는 발로 뛰고, 때로는 늦은 시간까지 회의 결과를 정리하면서 학생들의 의견을 수렴하여 최종 학교생활 규칙까지 만들어낸 이 모든 여정을 함께 했던 학생회장에게 질문한다.

"어떻게 이 문제를 발견하게 되었습니까?"

"각 반에 팔, 다리를 다친 학생들이 많다는 것을 발견하신 분은 교장선생님이셨습니다."

"우리 학교 전체 학생 중 어느 정도가 뼈나 근육을 다쳤는지 알아보았나요?"

"예. 자치부장들이 보건선생님의 도움을 받아 조사해본 결과 보건실에 방문하여 스프레이 파스를 뿌리거나 치료를 받았던 학생 수는 다음 막대그래프와 같습니다."

"최근 왜 그렇게 많은 학생들이 다쳤던 것일까요?"

"저희 자치부장들이 다친 학생들을 직접 인터뷰했더니 반 대항 축구 경기로 다치기도 했지만 복도에서 뛰거나 계단을 급히 내려오다가 다친 학생들도 많았습니다."

"문제의 원인을 찾았군요. 어떤 방법으로 문제를 해결하기로 결정되었지요?"

"각 반의 학급회의를 통해 이 원인을 없애거나 줄일 수 있는 방법에 대해 이야기를 나누고, 학급회의 결과를 가지고 두 차례 학생자치회의를 하여 최종적으로 다음과 같은 안전규칙이 만들어졌습니다."

학생회장은 이 모든 과정을 직접 경험한 터라 안전규칙이 만들어지기까지의 과정들을 술술 풀어냈다. 교장실에서 방송을 듣고 계셨던 교장선생님을 비롯하여 각 교실에서 방송

** 초등학교 안전 규칙

** 초등학교 모든 학생들은 (운동장 제외) 뛰게 되면, <u>스스로</u> 뛴 곳까지 다시 걸어가서 천천히 걷는 것을 기억하며 다시 걷습니다.

선후배, 친구, 선생님이 함께 돕겠습니다.

학생들이 스스로 만든 안전규칙

을 본 모든 분들이 2주 이상 진행되었던 자치회 학생들의 끈기와 노력에 감탄하지 않을 수 없는 순간이었으리라.

그 후 학교에는 어떤 변화가 생겼을까? 실내에서 뛰어다니는 학생이 사라졌다는 말을 믿을 수 있겠는가? 생활부장인 내 눈에만 그리 비치나 싶어 때때로 만나는 학생과 선생님들께 묻곤 했다. 어떤 이야기를 들을 수 있었을까?

"선생님, 우리 이제는 안 뛰어다녀요!"
"우리 학생들이 달라졌어요!"

학생 관련 문제가 일어나면 학생들이 아닌 교사가 모여서 문제 해결방법을 협의하곤 한다. 이러한 문제 해결과정에 한번만 의문을 가져보면 어떨까? 기존에 해오던 틀에서 벗어나는 첫 경험은 분명 낯설게 느껴져 거부감이 들 수도 있을 것이다. 그러나 그동안 우리가 해온 방법에 질문을 던지고 질문에 대한 답을 찾아가는 과정을 즐겨보자. 용기를 내서 한번만 도전해보자.

- 이것이 최선의 방법일까?
- 이 방법으로 학생의 변화를 이끌어내는 것이 가능할까?
- 이 방법이 학생의 태도 변화까지 이끌어낼 수는 없을까?
- 학생 스스로가 문제의식을 가질 수 있도록 교사는 무엇을 해볼 수 있을까?

자신을
표현할 수 있는 권리

"수업을 해주신 교생선생님께 인사하자. 모두 차렷! 선생님께 인사!"

어느 누구도 고개를 숙이지 않는다. 학생들에게 도대체 무슨 일이 있었던 것일까? 보건교육실습을 나온 교생선생님은 학생에게 줄 선물까지 준비하여 수업에 들어오셨다. 선물이 호루라기라는 사실을 알고부터는 '이렇게 집중해서 공부를 할 수 있을까' 할 정도로 학생들은 의욕적으로 수업에 참여하였다. 모두가 열정적으로 참여하다 보니 수업이 끝날 무렵까지 호루라기는 주인을 찾지 못했다.

"선생님, 도대체 호루라기는 누구한테 주실 거예요?"
"오늘 배운 내용 중에서 퀴즈를 낼게. 빨리 손을 들어 정답을 맞춘 사람에게 주는 건 어때요?"
"좋아요!"

학생들 모두가 동의한다. 선생님께서 퀴즈를 내신다. 누구나 맞출 수 있을 정도로 쉬운 문제였다. 질문이 채 끝까지도전에 학생들 손이 번쩍 올라간다. 누가 손을 먼저 들었는지판독기가 있어도 구별하기 힘든 상황이다. 그런데 교생선생님께서는 몇몇의 학생들을 바로바로 지명하여 망설임 없이선물을 건네주신다. 명확한 기준 없이 내키는 대로 하고 있는 교사의 행동이 슬슬 걱정스럽다.

"선생님께서 선물까지 준비해서 수업을 하셨네. 감사 인사드리고 수업을 마치자!"

끝나는 시간이 되자, 수업 후 교생선생님께만 살짝 피드백하면 될 일이라 여기고 급히 감사 인사로 수업을 매듭지으려했다. 그런데 깜짝 놀랄 일이 벌어졌다. 학생들 중 어느 누구도 교생선생님께 고개를 숙이지 않는 것이다. "인사하기 싫어요!"라고 소리 내어 말하는 학생도 있다. 고개를 숙이는 것이 문제가 아니라 불타오르는 억울함의 불씨를 빨리 꺼뜨려야 할 상황이다.

다음 시간에 옆 반에서 보건수업이 있으신 교생선생님은 황급히 떠나시고, 우리는 지금부터 한 시간 전으로 거슬러 가 교생선생님 입장과 학생 입장에서 상황을 재해석해보는 기회를 가졌다.

"선생님이 잘한 사람들에게 선물을 준다고 하셨는데, 어떻게 하는 것이 잘한 것인지 말해주지도 않았어요!"
"다 같이 동시에 손을 들었는데, 선생님 마음대로 아무한테나 선물을 줬어요."
"선생님이 공평하지 않았어요."
"처음부터 선물 없이 하거나 우리 모두한테 선물을 주셨으면 이런 일이 생기지도 않았을 거예요."

초등학교 2학년, 결코 어리지 않았다. 이들도 옳지 않은 상황을 보고 분별해낼 수 있다. 직접적으로 언급하지 않았지만 상품의 주인을 찾는 방법이 올바르지 않았음에도 그냥 지나쳐버린 담임교사의 잘못도 알고 있는 듯했다. 나의 판단력 부족이 낳은 결과라고 생각하니 학생들에게 미안하고 어른으로서 부끄러웠다.

마음 한구석에서는 '1학기 동안 양심일기를 쓰면서 권리교육을 꾸준히 해온 결과로 학생들이 자신의 생각을 당당하게 외칠 정도로 성장한 것은 아닐까?' 하며 이 상황을 긍정적으로 볼 이유를 찾고 있었다. 스스로를 위로하기 위한 억지스러운 면이 다분하나, 저학년에게도 권리교육이 가능할 수 있다는 것을 증명해준 상황이라 해석해본 것이다.

진중하게 각자의 생각을 나눈 끝에 우리는 상품을 다시 모아 다른 활동에서 상품으로 사용하자는 결론을 내렸다. 한편, 선물을 받았던 다섯 명 중 한 명은 호루라기를 내놓고 싶어 하지 않았다. 이 또한 당연하게 올라오는 마음이며 결정권은 물건의 주인에게 있다는 것을 모두가 인정해주기로 했다.

그런데 쉬는 시간, 호루라기에 애착을 보이던 학생이 조용히 다가오더니 "저도 그냥 낼래요!"하며 교탁 위에 호루라기를 올려놓는다. 9살, 어린 나이 같지만 가지고 싶은 자기 물건을 내놓을 수 있는 아량을 보여줄 수 있다는 것, 이 얼마나 놀라운 일인가?

"애들아, 선생님이 똑같은 호루라기 20개 더 사올 테니 우리 다 함께 나눠 가질까?"

'정의'를 외칠 수 있는 '용기'가 우리 모두에게 '공정한 생활'을 가져다준다는 것을 오래도록 기억하길 바라는 교사의 소망을 담은 외침이었다.

점심시간, 교탁 앞에 처음으로 선 날에 잊지 못할 상처를 받았을 교생선생님을 위로할 겸 보건실에 들렀다.

"선생님, 당황하셨죠? 우리 반 학생들이 얼굴을 붉히는 것을 보고 저도 깜짝 놀랐네요. 그리 강하게 저항할 거라 예상하지 못했거든요."

옆에 계시던 보건선생님께서 도리어 나에게 힘을 불어넣어주신다.

"학생들 인권교육을 평소에 잘해왔잖아. 그동안 아이들이 제대로 잘 배웠다는 증거지. 2학년, 결코 어리지 않아!"

맞다. 초등학교 저학년은 어리지 않다. 아닌 것을 보고 저항하는 방법을 배우다 보면 당당하게 자신의 소리를 내야 할 때, 힘 있게 외치는 모습을 보여줄 것이다. 이와 비슷한 경험은 또 있었다.

교담수업을 마치고 교실로 들어오는 학생의 표정이 둘로 나뉘었다. 막대사탕을 입에 문 학생들의 표정은 밝지만, 그렇지 못한 학생들은 시무룩하다. 화가 난 듯한 학생도 있다. 하지만 어느 누구도 이 상황에 대해 말하지 않는다. 나는 조심스럽게 아이들에게 말을 꺼냈다.

"어떤 사람은 사탕을 먹고, 어떤 사람은 안 먹어?"
"선생님이 숙제나 공부 열심히 한 사람들에게 추첨권을 주고 응모함에 넣어 추첨해서 뽑힌 친구에게 사탕을 줘요."
"너희들은 어떻게 생각해? 괜찮니?"
"재미있어요. 재미로 하는 것이잖아요. 안 뽑혀도 괜찮아요."
"계속 못 받아서 화나요."
"처음에는 싫었는데, 점점 익숙해져서 아무렇지도 않아요."
"추첨이 안 될 때 슬프지만 언젠가는 나도 될 거야 생각해요. 안 될 수도 있지만요."
"사실 기분이 나쁘지만 운이 좋으면 되는 날도 있겠지요."
"선생님이 매번 다 사탕을 주면 사탕이 너무 많이 필요하잖아요."

학생들은 나름 생각하고 느끼는 바를 분명하게 말한다.

"이 문제는 교담선생님 시간에 일어난 일이라 선생님께서
해결해주실 수 없잖아요."

평소 교사 간에 지켜야 할 에티켓으로 서로의 교수방법을
비교하거나 조언하는 것은 불편한 일임을 말했던 터라 이
부분까지 기억해서 배려해준 아이들이 고맙기도 하면서 안
쓰러웠다.

"그렇다면 이를 다른 방법으로 바꿔보고 싶다는 마음은
안 드니? 현재의 방법이 최선일까?"

한 발짝 물러나 학생들 간에 대화할 시간을 준다.

"선생님, 저희가 선생님 기분 나쁘지 않게. '선생님 저희가
한 달 동안 열심히 할테니 마지막 날에 모두 사탕 한 개씩
주는 것은 어때요?'라고 말씀드려 볼게요."

한참을 자기들끼리 이야기를 한 후 내린 결론이었다. 모두
가 함께 제안하기로 했단다. 나는 참 행복한 사람이다. 이런
아이들과 한 공간에서 함께 살고 있으니 말이다.

어떤 일이 벌어지면 우리는 종종 교사 입장에서 상황을 해석하곤 한다. 벌어지고 있는 일들이 학생들에게 어떻게 이해되고 받아들여질 것인가에 초점을 두기보다는 말이다. 교사의 관점에서 해결할 방법을 찾는 데 집중하느라 정작 당사자인 학생들이 상처를 받을 수 있다는 사실을 잊어버리곤 한다. 그러기에 일상을 여러 각도에서 바라보는 연습을 더 철저히 해야 한다.

교사는 일상의 다양한 자극이나 교육활동의 매우 작은 부분에서도 학생인권을 존중하면서 상황을 객관적으로 들여다보고 그 속에서 문제를 발견하여 학생 스스로가 해결할 수 있도록 기회를 만들어주어야 한다. 이 또한 교사가 갖추어야 할 중요한 교수역량 중 하나이다.

학생들의 자치역량을 향상시키기 위해서는 교사 또한 인권감수성에 기초하여 지속적으로 자기관리역량, 창의적사고역량, 의사소통역량, 공동체역량 등을 개발해나가야 한다. 학생들보다 앞서서 지속적으로 문제를 발견할 수 있는 감수성을 개발하는 훈련을 해야 한다는 것이다.

학생자치,
결과가 아닌 과정

점심시간, 맞은편에 앉아 급식을 먹고 있는 지수에게 말을 건넸다.

"지수는 요즘 학교생활이 어때?"

"재밌어요."

"뭐가 제일 재미있어?"

"친구들과 노는 거요. 작년에는 제가 왜 그렇게 친구들을 따돌리고 싸우고 했나 모르겠어요."

"하하하. 어떻게 그런 생각을 하게 된 거야?"

"요즘 들어서 5학년 때 내가 참 어렸구나 하는 생각이 갑자기 들기 시작했어요."

또래보다 성숙하여 작년에 사춘기를 혹독하게 치른 지수가 몇 개월 만에 이렇게 성장해 방글방글 웃으면서 자신의 과거를 반성하는 모습을 보게 되다니 놀라운 일이다.

"어떻게 하면 너처럼 생각의 변화가 생길 수 있어?"
"선생님, 이것은 말로 표현이 잘 안 되는 것 같아요. 직접 경험해봐야 아는 거예요."
"언제든 너의 이 놀라운 성장을 말로 표현할 수 있을 것 같으면 꼭 얘기해줘. 궁금하다."

맞구나! 성장은 결과가 아닌 과정인 것이다. 스스로 말로 표현할 수 없을 정도의 작은 성장들이 축적되어서 언제부터인가 자신도 모르는 변화가 내 안에서 일어나는 것인지 모른다.

학생자치활동은 '한 개인을 넘어 공동체 구성원들이 겪고 있는 문제들을 발견하여 민주적인 의사소통과정을 통해 해결방법을 찾아 학생들 스스로가 주도

적으로 실천해나가는 활동'이다. 이 정의에서 볼 수 있듯이 다음과 같은 질문들을 통해 '과정'에 집중하기 위한 노력을 함께 해보자.

- 개인의 문제와 공동체의 문제를 어떻게 구분할 수 있는가?
- 공동체의 문제란 무엇이며 어떤 방법으로 찾을 수 있는가?
- 어떻게 진행하는 것이 민주적인 의사소통 방법인가?
- 결정한 내용을 주도적으로 실천하기 위해 나는 어떤 행동과 마음가짐을 가져야 하는가?

이 질문에 나름의 답을 내리면서 구체적인 방법을 찾아 실천할 때라야 우리가 학생자치활동을 통해 기르고자 하는 '정의로운 민주시민'의 모습에 한 발짝 다가갈 수 있을 것이다.

어떻게 좋은 질문을
할 수 있을까?

학생자치 코칭연수에서 한 선생님께서 물으셨다.

"학생들의 소통역량을 키우기 위해 제가 지금 당장 교실에서 실천할 수 있는 방법에는 어떤 것이 있을까요?"

그분의 눈빛에서 변화를 시도해보려는 결연한 의지가 느껴진다. 이럴 때는 뭔가 특별하고 비밀스러운 나만의 노하우를 말하고 싶은데 아직까지 그런 방법을 찾지 못했다.

그러나 학생자치의 뿌리가 될 수 있는 소통이 잘 되기 위해서는 함께 살아가는 친구, 교사, 더 나아가 학교에 대한 신뢰를 쌓아야 한다는 것만큼은 분명하게 말할 수 있다. 타인에 대한 신뢰감 없이 외적인 힘에 의한 형식적인 매뉴얼로 접근한 소통의 스킬과 도구들이 과연 학생 중심 자치문화를 이끌어낼지 의문스럽기 때문이다.

그렇다면 이러한 신뢰감을 어떻게 만들어갈 수 있을까? 내 경험에 비추어 보면, 신뢰감은 '질문'에서 나온다고 말하고 싶다. 그런데 흥미롭게도 여기서 말하는 질문은 교사가 학생에게 건네는 질문이 아니다. 바로 교사가 스스로에게 던지는 질문이다.

'나는 과연 학생들을 어떤 존재로 바라보고 있는가? 그들이 주체적으로 행동할 수 있도록 무엇을 해왔고, 앞으로 무엇을 할 수 있는가?'

이런 자기 성찰적 질문이다. 기존에 내가 당연하게 여겨왔던 학생관, 수업 기술과 학급운영 방법 등에 대해 낯선 시선으로 바라보고 탐구하는 태도이기도 하다. 스스로에게 질문하는 태도가 습관이 되면 서서히 질문의 대상이 학생에게로 확장된다.

'경희는 저런 행동을 왜 하는 것일까? 어떤 생각을 하고 있는 것일까? 왜 그런 생각을 하게 되었을까? 경희에게 영향을 주고 있는 것들은 무엇일까? 경희는 왜 영향을 받은 것일까? 나는 경희를 어떻게 바라보아야 하는가?'

이와 같이 학생의 소소한 생각과 행동까지도 관심이 가게 되는 놀라움을 경험하게 된다. 그리고 어느 순간 그들에 대한 강한 호기심에 이끌려 그들에게 말을 걸고 있는 자신을 발견하게 될 것이다.

놀라운 것은 내가 특별한 무언가를 하지 않았는데도 아이들이 마음의 문을 활짝 연다는 것이다. 어느 날은 커서 결혼하자는 사랑 고백도 받을 것이고, 선생님은 나에게 최고의 선생님이었다며 엄지 척 손가락 인사도 받을 것이다. 무엇보다 학생들이 교사에게 들었던 질문을 옆 친구에게 건네는 모습을 보고 기쁨의 노래를 부르는 날을 맞이할 것이다.

질문은 배움과 성장을 위해 절대적으로 필요한 요소이며, 좋은 질문은 변화를 이끌어내는 힘을 갖는다. 어떻게 하면 좋은 질문을 할 수 있을까? 우리는 질문이라 하면 상대에게 던지는 질문을 먼저 떠올리게 된다. 그러나 질문이 힘을 가지려면 스스로에게 질문하는 연습부터 해야 한다. 나 스스로에

게 해왔던 질문만이 타인의 의식과 태도의 변화를 가져다줄
힘을 담고 있기 때문이다.

.... 🆃🅸🅿 ....

"엄마, 힘을 빼야 토론이 잘 되는 것 같아요."

토요일 아침, 토론대회에 참가하는 아들이 대회 준비 과정에서 새롭게 발견
한 바를 다정하게 들려준다.

"제가 가진 장점은 논지를 빠르게 파악해서 상대팀에게 질문하는 것 같
아요. 상대방이 당연하게 생각하고 있는 것을 의심해보면 질문이 생겨요."

아들은 자신이 좋아하는 독서와 멍 때리기, 그로 인해 관심을 갖게 된 토론
을 통해 이렇게 자신을 조금씩 알아가고 있구나!

누구는 운동을 통해 힘 조절하는 법을 배우고.
누구는 독서를 통해 힘 조절하는 법을 배우고.
누구는 악기 연주를 통해 힘 조절하는 법을 배우고.
누구는 BTS를 통해 힘 조절하는 법을 배우고.

나는 지금 무엇으로 힘 조절하는 법을 배우고 있을까?
나는 학생자치활동을 지도하면서 힘 조절하는 법을 배우고 있는지 모른다.

토론대회에 참가하는 아들이 우연히 던진 한마디가 울림 있게 다가온다. 힘
을 빼야 상대방에 대한 호기심과 궁금증이 생긴다. 힘을 뺀다는 것은 나의 편
견과 신념을 내려놓는 것이다. 그래야 대상과 현상에 대한 호기심과 궁금증이
생겨 마주한 대상에게 질문할 수 있기 때문이다.

너는 어떻게
생각하니?

철학자 최진석 교수와 뇌과학자 김대식 교수가 '독립적 주체'라는 주제로 대담한 〈EBS 특별기획 통찰〉이란 프로그램을 보게 되었다. 최진석 교수는 주도권이 자신에게 있는 독립적 주체가 만들어지기 위해서는 대답이 아닌 질문하는 인간을 길러내는 교육시스템과 환경이 중요하다고 했다. 그러기 위해서 교사는 학생의 질문 능력을 신장시켜야겠지만, 한편으로는 교사 또한 학생의 질문에 반응하는 훈련을 병행해야 한다고 강조했다. 이 얼마나 흥미로운 관점인가? 교사가 깊이 새겨야 할 중요한 관점이었다.

학교생활을 하다 보면 교사는 하루에 "~해도 돼요?", "~을 어떻게 해요?", "~이 맞아요?" 등과 같은 질문을 수십번, 아니 수백 번 받는다. 우리는 이 모든 질문에 친절하게 답해야 좋은 교사가 될 수 있다는 인식을 갖고 있다. 교사의 안내가 필요한 부분은 당연히 알려줘야 할 것이다. 그러나 모든 질문에 답을 해야 한다는 고정관념에서 벗어나보면 어떨까?

학생이 하는 질문을 유형별로 분류해보면 이 말이 의미하는 바를 쉽게 이해할 수 있을 것이다. 학생의 질문을 분석해보면 질문의 출발점에 학생의 바람과 욕구가 자리하고 있으며, 각자 나름의 가치 판단과 기대를 담아서 던지는 질문이라는 것을 알 수 있다. 스스로가 이미 나름의 답을 정했거나 알고 하는 질문이 많다는 것이다.

그래서 이러한 질문의 특성에 근거하여 한 가지 제안을 해보고자 한다. 학생의 질문에 "너는 어떻게 생각해?"로 반응해보는 것이다. 그럼 대부분의 아이들이 "~일 것 같아요"라고 자신의 의견을 말할 것이다.

학생들이 내게 던진 공을 "어떻게 생각해?"라는 말로 살포시 다시 넘기는 것만으로도 그들은 자신의 생각을 적극 펼치는 과감성을 보여줄 것이다. 또한 교사가 의도적으로 강화시키지 않더라도 교사의 전폭적인 지지와 격려를 듬뿍 받은 자신감 넘치는 독립체로 변신하여 자발적으로 행동하는 모습을 선물해줄 것이다.

자기 삶의 주인으로 살 수 있도록 하는 교사의 한마디, "너는 어떻게 생각해?"가 가져오는 위대한 변화를 동료들과 함께 느껴보고 싶다.

학생들의 모든 질문에 대답해야 한다는 부담감을 살짝 내려놓자.
정답을 말해야 한다는 생각을 잠시 떨쳐보자.
내가 답하는 말이 정답이 아닐 수 있다는 것을 알아차리자.
정답이란 게 과연 존재하는지 한번쯤은 의문을 가져보자.

어쩌면 질문을 던진 학생에게 잠깐 동안 거울이 되어주는 것이 교사의 역할일지도 모른다.

학생자치를 위한
두 가지 소통의 기술

학생자치활동이 즐겁게 진행되기 위해서는 학생 간에 오해 없이 소통하는 방법을 반드시 지도해야 한다. 오해 없이 소통하기 위해서는 '솔직하게 말하는 법'을 배우는 게 필수조건이다. 자신의 생각과 감정을 숨기다 보면 자칫 의도치 않게 또 다른 문제를 일으켜 오해를 가져올 수 있기 때문이다.

"몸이 몹시 아픈 상황, 버스 좌석에 앉아 가고 있는데 한 할아버지께서 내 앞으로 오신다. 이럴 때 여러분이라면 어떻게 할 것인가요?"

도덕과 '양보와 배려' 단원의 가치 갈등 상황의 토의·토론 수업에 등장하는 시나리오이다. 22명의 학생 중 한 명을 뺀 모두가 "이러한 이유로 양보할 것입니다"라는 모범 답안을 내놓는다. 그중 은주만이 다른 대답을 했다.

"내 몸이 아픈데 내 몸도 돌보지 않으면서 타인을 돕는 일은 어리석지 않을까요? 저는 양보하기 싫어요."

순간 교실에 침묵이 흐른다. 누군가 은주의 말에 의견을 덧붙여주면 좋으련만. 교사는 이럴 경우 참으로 당혹스럽다. 분명 서로 다른 가치관을 이해할 수 있도록 하는 토의·토론 학습은 좋은 학습방법이다. 그러나 오늘처럼 많은 학생들이 학습되어 온 윤리적 판단으로 너무도 쉽게 결론을 내리고 더 이상 토론에 참여할 의지를 보여주지 않을 때는 학생의 사고 전환을 이끌어내야 할 막중한 책임이 교사에게 주어진다. 학생 스스로가 탄탄한 근거를 제시하여 주장을 논리적으로 펼쳐나갈 수 있도록 대화를 연결하는 다리 역할을 해야 하는 것이다.

이럴 때면 나는 종종 소소한 나의 일상의 경험을 들려주면서 사고의 확장을 이끌어내려고 노력한다. 아이들에게 예전에 교과서에서 나온 상황을 선생님 또한 경험한 적이 있다고 이야기를 시작했다.

임신 초기, 직장과 집이 버스로 한 시간 넘는 먼 거리였다. 유독 입덧이 심했던 나는 그날도 역시나 힘든 몸으로 버스에 올랐다. 운이 좋게 좌석에 앉았지만 곧 다음 정류장에서 나이 많으신 어르신께서 타셨다. 임신 초기라 배가 불러오지 않아 어느 누가 봐도 양보심 없는 처녀로 보였을 것이다. 역시나 그 어르신께서도 내 눈치를 살피시더니 간접적으로 불편함을 표현하셨다. 하지만 나는 일어서지 않았다. 아니, 일어설 수 없을 만큼 힘들었다. 버스에서 내려 집에 가는 내내 몸만큼이나 마음도 무거웠다. 오래전 일이지만 그 당시의 감정을 끌어올려 그 상황을 자세하게 묘사하였다.

"선생님은 그때를 떠올리면 후회되는 한 가지가 있어. 만약 그때로 다시 돌아간다면 '할아버지, 제가 임신 중인데 입덧이 심해서 일어날 수가 없네요. 이해해주실 수 있으세요?'라고 말하고 싶어."

혼자만 다른 의견을 내서 위축되어 있던 은주의 얼굴이 순간 환해진다.

"은주야. 선생님 이야기를 듣고 어떤 생각이 들어?"
"제 상황을 친절하게 이야기하면 할아버지가 오해하지 않아서 마음이 편할 것 같아요."

"좋아! 다음에 혹 이런 상황이 생기면 오늘 들었던 이야기를 기억해낼 수 있지?"

"예!"

나는 학생들에게 정답을 찾는 게 아닌 오해가 생기지 않도록 소통하는 방법을 알려주고 싶었는지 모른다.

한번은 '변명보다는 인정'이 소통의 지름길이라는 것에 대해 이야기해본 적도 있다. 10년 전쯤 아들, 딸이 유치원 다닐 무렵으로 기억된다. 차에서 잠들어버린 아이들을 데리고 혼자 집으로 가야 하는 곤란한 상황이 생겼다. 그런데 아파트 라인 가까이에 주차할 곳이 마땅치 않았다. 최대한 짧은 거리를 업고 갈 요량으로 출입구와 가까운 쓰레기 수거함 쪽에 잠깐 동안 이기적인 주차를 하고 잠든 아이를 업어 집에 눕혀두고 급히 1층으로 내려왔다.

'모든 일이 순조롭게 됐구나.' 안도하며 제대로 주차를 하려고 차로 다가가려는 순간이었다. 한 아주머니께서 나의 몰상식한 주차로 인해 쓰레기를 버리는데 불편했다고 고래고래 소리를 지르시는 것이 아닌가? 그렇지 않아도 이기적인 주차로 마음이 불편했던 터라 이 상황을 변명하는 것도 우습고, 그분의 입장이 충분히 이해됐기에 억울하지도 않았다.

"아주머니, 소리를 너무 크게 지르셔서 목이 아프실 것 같아요. 저도 제가 잘못한 줄 알고 있어요. 죄송해요. 저 때문에 목이 상하지 않으셨으면 해요."

그 순간 내가 차분하게 말을 건네고 있는 것이 아닌가? 이 상황, 이 맥락에서 이리 말을 뱉고 있다니 '나 제정신인가?' 하는 생각도 동시에 들었다. 그러나 나를 더욱 놀라게 한 것은 아주머니의 반응이었다. 아주머니는 더 이상 소리를 지르지 않고 화가 누그러져 집으로 돌아가셨다.

학생들이 팀을 이뤄 학생자치활동에 관심을 가지고 자기 색깔을 입혀 활동들을 펼쳐나가다 보면 팀원들 간에 의도치 않은 다툼이 일어나곤 한다. 갈등 상황은 자신의 행동을 객관적으로 들여다보지 못해서 일어나는 경우가 비일비재하다.

그래서 나는 학생들에게 뻔한 상황을 변명으로 방어하려다 본질에서 벗어나 상황을 더욱 복잡하게 만들 수 있다는 것을 상기시키기 위해 다양한 경험들을 들려주고 있다. 변명이 아닌 인정이 빠른 문제 해결에 도움이 된다는 것을 말하고 싶은 것이다.

학생과 하나가
되어보는 경험

"얘들아, 왜 그래? 무슨 일 있었니?"

한 달에 한 시간씩 책을 읽어주시는 어머니 독서회 수업 후의 일이다. 평소와는 달리 1학년 우리 반 학생들에게서 왠지 모를 불만스러움이 풍겨져 나왔다. 설명인즉, 괴물 관련 동화책을 읽어주시고 자신이 생각하는 괴물을 종이에 그리라고 하셔서 정성껏 그렸단다. 그런데 갑자기 괴물 그림을 구겨서 엄마 선생님이 만들어온 알록달록한 휴지통에 넣으라고 하더니, 수업이 끝난 후 괴물을 가져가버렸다는 것이다.

내 안의 불필요한 감정을 정화하는 활동과 비슷한 형식의 수업을 하신 모양이다. 엄마 선생님은 괴물을 없애야 하는 불필요한 존재로 생각하고 수업을 디자인했으나, 학생들에게는 괴물이 함께 놀고 싶은 친구였을지 모른다. 서로의 관점 차이가 활동의 불균형과 비효과성을 만들어버린 것이다. 아이들의 이야기를 듣는 순간, 웃어서는 안 되는데 나도 모르게 웃음이 나와버렸다.

"어쩌지 얘들아, 선생님이 다시 새 종이 줄까? 다시 그릴래?"
"귀찮아요. 안 할래요! 나가서 놀래요!"

아이들은 교실 밖으로 신나게 뛰어나간다. 중간놀이시간, 아이들의 빈자리를 가만히 바라본다. 웃음이 가시니 작은 깨달음이 내 안으로 조용히 밀려든다.

우리 교사들은 흔히 학생 중심 철학을 가지고 동기유발, 활동 1, 활동 2, 활동 3, 정리 및 차시 예고의 흐름에 따라 수업을 계획한다. 그러나 교사가 아무리 학생 입장이 되어보려 해도 교탁 앞에 서는 순간 학생이 되어 수업을 디자인하는 일이 불가능해진다. 활동 1부터 활동 3까지를 미리 세팅하는 것 자체가 모순된 상황을 만들어버리는 근본 원인일지도 모르겠다.

올해 영어 교담을 맡고 있는 후배가 아침, 저녁으로 영어 학원을 다니고 있다고 했다. 학원과 직장을 병행하는 것이 힘들지 않냐 물었더니 도리어 학교생활에 활력을 주고 있다는 예상치 못한 답변이 돌아왔다.

"아침, 저녁으로 학원에서 학생이 되는 경험을 하다 보니 학교에서 학생들 입장에서 내가 하고 있는 수업의 양, 수준, 방법, 피드백들이 객관적으로 보이기 시작하더라고요. 그래서 즐거워요!"

유레카! 바로 이거다! 놀라운 발견이고 통찰이다! 수업에서 학생과 교사로 벽을 세우지 않고 수시로 경계를 넘나들기 위해서 일상에서 어떤 경험을 해볼 수 있을까?

나는 가끔 '내가 만약 우리 반 학생이라면'으로 시작되는 재미있는 상상을 하곤 한다. 누구랑 가장 친했을까? 어떤 과목을 좋아했을까? 쉬는 시간에 주로 무엇을 하면서 놀았을까? 학년 다모임 시간에 어떤 생각을 하고 있었을까? 수업시간이 재미있을까? 무엇이 불편할까? 이러한 질문들에 답하다 보면 어느덧 학생들 책상에 앉아 수업을 듣고 있는 내 모습이 보일 때가 있다.

나로부터
시작하는 변화

출장 갔다가 우연히 만난 '후배님'과 저녁을 먹었다. 주체적이고 능동적으로 사고하고 행동하는 후배와의 대화는 나에게 일상을 낯선 시선으로 바라볼 수 있게 하는 자극이 되곤 한다. 배움과 즐거움을 동시에 느낄 수 있게 해주다 보니 존경하는 마음에서 '후배님'이라는 호칭이 절로 나온다.

시원한 콩물국수를 함께 하고 식당에서 나오는데 식당 앞 2차선 좁은 도로에 차들이 심하게 엉켜 움직이지 못하고 있었다. 한쪽에서는 주정차 단속 차량이 차량 이동 안내방송만을 시끄럽게 뿜어내고 있다.

"이럴 때는 누군가가 나서서 해결해야 돼요."

후배님께서 말과 동시에 차량이 엉긴 곳으로 직접 들어가 체증이 풀릴 수 있도록 순차적으로 교통정리를 한다. 조금 전 말했던 '누군가'가 바로 '자신'이었던 것이다.

이 상황을 흘려보내지 않고 직접 참여하여 주체적으로 해결해가는 후배님을 보며 바로 이러한 능동성이 주변인들을 깨어 있는 시민으로 만든다는 사실을 새삼 깨닫게 된다. 깨어 있는 단 한 명이 세상을 바꿀 수 있는 출발이 될 수 있다는 것이다.

갑자기 익숙했던 풍경이 낯설게 다가온다. 늘 해오던 방식대로 차량 이동 안내방송만을 시끄럽게 쏟아내면서 시민들이 알아서 문제를 해결할 때까지 보고만 있던 교통 공무원의 수동적인 태도가 보인다. 이 상황과는 전혀 관련 없는 행인이라 여기고 무관심하게 지나치려 했던 내 모습이 부끄러웠다.

학생자치활동하면 떠올릴 수 있는 대표 단어들이 있다. '학생자치회'와 '다모임'이다. 이 단어들이 지닌 공통된 특징을 찾는다면 공동체를 이뤄서 운영된다는 것이다. 그렇다면 학생자치활동은 꼭 무리를 지어 다수가 함께해야만 시작할 수 있는 것일까? 위 이야기에서 볼 수 있듯이 다수가 아닌 공동체에 대한 공적 책임감을 느낀 한 사람, 그 누군가로부터 변화가 시작될 수도 있지 않을까 생각해본다. 우리는 그 누군가를 '리더'라고 부르기도 한다.

2

우리 반 문제는
우리가 해결해요

학생들과 함께
고민해봐요.

'수업'을 변화시킨 학급자치
'일상'을 변화시킨 학급자치
'문제 해결'을 돕는 학급자치

원 모양 좌석 배치가
바꾼 수업 분위기

"선생님 생각도 궁금해요. 선생님도 발표해주세요."

학생들의 생각과 경험이 중심이 되어 그들이 주도적으로 질문하고 답하는 활동을 이어가는 대화 중심 수업을 지향하다 보니 작년부터 학생과 교사가 함께 원 모양으로 둘러앉아 도란도란 이야기를 나누며 공부하고 있다. 교육 내용에 따라 때로는 교사와 학생이 서로에게 칠판과 동영상 교육 자료가 되어주기도 하고, 학생이 사회자가 되어 주도적으로 수업을 이끌어가기도 한다.

이 원 모양 좌석 또한 수업 내용과 방법을 고려하지 않은 획일화된 또 하나의 고정된 좌석 배치가 되지 않게 하기 위해 상황에 따라 학급회의에서 정한 몇 가지 형태를 병행하고 있다. 오랫동안 다양한 자리 배치 방법을 시도했는데 이 원 모양 좌석이 학생 간의 활기찬 소통을 이끌어내는 학생 중심 수업을 만들어내는 데 단연 효과적이다. 20평 남짓한 교실에 한 개의 큰 원을 만들 수 있는 건 많지 않은 학생 수 덕분이기도 하다.

교사와 학생 모두가 큰 원을 만들어 둘러앉아 공부하던 어느 날, 한 학생이 "선생님 생각도 궁금해요. 선생님도 발표해주세요." 하며 나의 의견을 묻는다.

활기찬 소통을 가능케 해준 원 모양 좌석 배치

수업 주제 맥락을 놓치지 않고 빠르게 학습 내용을 이어가기 위해 교사인 내가 주도적으로 이끌어가고 있었던 터라 갑작스러운 학생의 발언에 당황했다. 그 당시 내가 학생들을 지명하고 리드하는 역할을 하는 것이 자연스러웠기에 예상치 못한 지명을 받고 많이 어색했다. 한편으론 웃음도 나왔다. 묘한 희열감도 느껴졌다. '어라? 학생이 선생님한테 발표를 시키네? 학생들과 나의 관계가 이 정도까지 발전했단 말인가?' 하면서 말이다.

'우등생처럼 유창하게 발표를 해야 하나? 아니면 학생들의 관점 전환을 위해 어눌한 궤변을 늘어놓아? 어떤 태도가 학생들에게 도움이 될 수 있을까?'

짧은 순간 많은 생각이 들었다. 아직은 궤변을 늘어놓을 경지에 오르지 못했다는 걸 빨리 알아차리고, 아이들이 점핑 사고를 할 수 있는 다른 관점의 답변을 하기로 했다.

생각이 많아선지, 이 기회를 잘 활용해보고 싶은 욕심에선지, 입술에 힘이 들어가는 것이 느껴졌다. 그야말로 학생들 앞에서 발표를 하는 또 한 명의 학생이 된 기분이었다. 선생님의 지명을 받고 답을 잘해 칭찬받고 싶어 하는 학생처럼 또박또박 발표를 했다.

그 후로도 종종 깊은 사고를 요하는 질문을 던질 때면, 아이들은 "저희는 선생님 의견이 궁금한데요." 하며 슬쩍 내게 답변을 넘기는 능청스러움을 보여준다.

"심심한데 우리 함께 이야기할까요?"

시간적 여유가 생길 때면 이리 제안하는 학생도 있다. 원으로 둘러 앉아 얼굴을 마주보며 함께 대화하다 보니 어느덧 소통의 맛을 제대로 알아버린 것이다. 이 얼마나 감사한 일인가? 우리가 질 높은 교육과정 운영을 통해 추구해가고 있는 '소통역량'이 이런 모습으로 구현될 수 있지 않을까 기대해본다.

한 개의 큰 원 모양 좌석을 쉽게 만들기 위해서는 책상 앞 모서리 끝을 서로 붙여야 원 바깥쪽으로 여유 공간도 생기고 원 모양 또한 예쁘게 만들 수 있다. 학생들이 말하는 원 모양 자리 배치의 좋은 점을 다음과 같이 정리해보았다.

- 모두가 연결되니 가까이 가지 않고도 친해진 느낌이 들어요.
- 친구 얼굴이 보이니 친구 기분을 살필 수 있어서 좋아요.
- 두 명의 짝꿍이 생겨요.
- 모두가 차례를 정해서 빠르게 이야기할 수 있어요,

- 서로 바라보고 수업하니 수업에 집중이 잘 돼요.
- 공부할 때 함께 돌려 읽고 쓰기가 편해요.
- 듣는 사람을 바라보고 발표할 수 있어요.
- 쉬는 시간에 놀 공간이 더 넓어졌어요.
- 안내장을 나눠 가질 때 편해요.
- 앞사람 머리 냄새 안 맡아서 좋아요.
- 창가 쪽에 있는 친구들 얼굴이 타지 않아요.
- 친구들과 다툴 일이 줄었어요(뒤에 앉은 친구가 내 점퍼를 발로 치지 않아요).

쉬는 시간
놀이 문화를 바꾸다

"내 말이 여기 있었다고. 진짜야! 거짓말 아니라고!"
"아니잖아. 네 말은 저기 있었단 말이야. 왜 거짓말해?"

2학년 교실, 쉬는 시간이 되자 보드게임을 하던 학생 몇 몇이 다투는 소리가 들린다.

"다시 만들자! 빨리! 빨리! 서둘러! 시간 없어!"

다른 한쪽에서는 많이 쌓아야 게임의 절정을 느낄 수 있는 도미노를 또 처음부터 다시 쌓고 있다.

10분의 짧은 쉬는 시간이 끝나고 수업 시작종이 울렸다. 나는 조금 전 본 상황들을 있는 그대로 최대한 자세하게 묘사하였다. 그러고는 아이들에게 물었다.

"선생님이 보니까 쉬는 시간에 놀 때 무언가 불편해 보이던데 너희들은 어때?"
"선생님, 쉬는 시간이 너무 짧아요. 늘려주세요."
"모든 반이 10분으로 쉬는 시간이 맞춰져서 그건 우리가 해결하기 곤란한데."
"선생님, 저희가 교실 벽 가까이에서 놀게요. 놀다가 그대로 두고 공부하다가 다음 쉬는 시간까지 이어서 놀면 어때요?"
"좋아! 그럼, 언제 정리가 되는 거야?"
"저희가 급식 먹고 점심시간까지 놀고 그때 정리할게요."

이렇게 약속하니 수업 시작도 바로 할 수 있고 수업 집중도 잘한다. 학생들만 좋은 것이 아니다. 교사인 내가 더 좋다. 나는 단지 학생들을 자세히 관찰하고 질문만 던졌을 뿐인데 학생들 스스로 해결방법을 찾아간다.

교실 벽 가까이에 쌓여 있는 도미노

....

학교생활을 하면서 학생들이 불편함을 못 느끼는 것이 아니다. 그 불편함을 물어보는 이가 없기 때문에 작년과 똑같은 방법으로 그냥 살아주고 있는 것인 지도 모른다. 학생들의 말, 몸짓 하나하나에 시선을 두고 자세히 들여다보며 그 들이 말하고 있지 않은 것을 말할 수 있도록 하는 것이 바로 학생이 학교의 주 인이 될 수 있도록 돕는 방법인지 모른다.

우리가 팽이놀이 규칙을
만들게요

"4절지에 팽이놀이 규칙 여덟 가지를 만들었구나. 게시판에 붙여놓고 놀이 시작 전에 규칙을 잘 보면서 사이좋게 놀자. 그런데 종이 아랫부분에 공간이 남네. 가위로 잘라버리고 게시하면 어떨까?"

"선생님, 저희가 앞으로 놀다 보면 다툼이 계속 생길 거예요. 그때마다 저희가 의논해서 놀이 규칙을 만들어 빈 공간에 채워나가려고요."

팽이놀이가 유행하던 학년 초 쉬는 시간, 남학생들이 팽이놀이를 해도 되는지를 교사에게 물었다. 동학년 선생님들은 팽이로 인한 다툼이 생기지 않는다면 괜찮겠지만, 만약 문제가 발생하면 더 이상 놀이를 할 수 없다는 것을 재차 강조하고 허락했다. 놀다 보면 어찌 다툼이 생기지 않을 수 있겠는가? 담임교사의 학급경영관에 따라 한 반씩 팽이놀이가 사라져갔다.

우리 반 남학생들이라고 어찌 예외일까. 우리 반에서도 팽이로 인한 다툼이 일어났다. 동학년과 보조를 맞춰야 한다는 부담감도 컸지만, 다른 반 선생님들의 양해를 구하고 '팽이놀이 금지'와는 반대 방향으로 한 발짝 나가기로 했다.

"애들아, 팽이로 인해 자꾸 다툼이 생기는데 어쩌지? 이 문제를 어떻게 해야 할까? 팽이놀이를 앞으로도 계속하고 싶은 사람?"

남학생 9명 중 8명이 손을 든다.

"선생님, 저희가 점심 빨리 먹고 와서 팽이놀이 규칙을 만들어볼게요."

유승이 제안에 남학생 모두가 고개를 끄덕인다. 점심시간,

책상 하나를 사이에 두고 둘러서서 열띠게 토론하여 '팽이
놀이 규칙'을 만들어냈다. 공동체를 이루며 살아가는데 서
로 배려하고 지켜야 할 규칙과 규범의 필요성을 느끼고 함
께 만들어가는 모습, 이 얼마나 아름다운가!

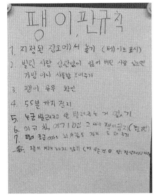 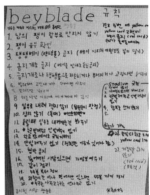

아이들이 만든 팽이놀이 규칙. 처음 8가지에서 20가지로 늘었다.

사소한 듯 보이지만 교사의 '학급경영관'이라는 기준에 의해 아무런 의심도
없이 교사의 결정대로 운영되고 있는 것들이 많다. 이 중 몇 가지를 학생들이
자율적으로 행동할 수 있도록 디자인하여 시도해보았다. 그중 몇 가지를 소개
한다.

- 급식 먹으러 가거나 특별실 이동 시 교사는 학생들 맨 뒤에 선다. 맨 앞에
  선 학생이 친구들의 준비 상태를 판단하고 출발할 수 있도록 한다(앞에 서

는 학생은 학급 규칙에 따라 순환된다).

- 수업 또는 생활지도 시 활동 시간이 필요한 경우, "활동 시간이 얼마나 필요하니?" 묻고 학생들의 생각을 반영할 수 있도록 한다.
- 미술 표현활동 시, 음악을 들으면서 활동하곤 한다. 학생들이 돌아가면서 DJ 역할을 맡아 음악을 선곡할 수 있도록 한다. 학생들은 DJ 역할이 주어진 날에 수업활동에 맞춰 미리 음악을 선곡해온다. 미술활동에 몰입하기 위해 적절한 음악과 적절하지 않은 음악을 선별해내는 능력이 길러지는 모습도 볼 수 있을 것이다.
- 주의집중을 위한 구호와 손신호 등을 교사가 일방적으로 안내하기보다는 학생들이 직접 만들 수 있도록 기회를 준다.
- 등하교 인사 멘트를 학생들이 돌아가면서 정한다. 한 학생이 선창하면 다른 친구들이 따라해본다.

아이디어가 샘솟는
포스트잇 사용법

회의를 할 때 여러 도구를 사용하는데 특히 포스트잇을 자주 사용하는 편이다. 포스트잇을 사용하는 이유는 무엇일까? 아이디어를 분류·정리하기 위한 목적도 있지만 무엇보다 서로의 아이디어를 공유하기 쉽기 때문이다.

그러나 학생들은 아이디어 공유의 의미와 가치에 대해 낯설어한다. 아이디어 공유를 '컨닝'으로 이해하는 학생들도 있다. 그래서 포스트잇을 활용해 아이디어를 공유할 때 교사의 친절한 안내가 필요하다.

- 한 장의 포스트잇에는 한 개의 생각만 적는다.
- 핵심어 위주로 간단하게 적는다.
- 네임펜을 활용하여 큰 글씨로 적는다.
- 비슷한 생각끼리 분류하여 모둠의 생각을 구조화해간다.

아이들이 포스트잇에 아이디어를 적는 모습을 가만히 보고 있자니 낙서를 하거나 글씨가 틀렸다고 마구 구기고 새로운 포스트잇을 뜯어서 사용하는 모습이 눈에 띈다. 이 역시 교육할 좋은 기회라는 생각이 든다.

"애들아, 포스트잇 한 장에 얼마인 줄 아니?"
"1원이요?"

학생들이 답하는 1원이란 흔한 종잇조각을 말하는 것 같다. 이번에는 정확한 데이터를 주며 다시 질문한다.

"포스트잇 한 묶음에 2,000원이야. 100장이 한 묶음이네. 한 장에 얼마일까?"
"20원이요."
"헐! 포스트잇 한 장에 20원이라고요? 다섯 장이면 100원이네요."
"포스트잇 10장이면 200원이라고요?"

학생들 눈이 동그래진다. 이때 회의할 때마다 사용하고 있는 포스트잇을 절약해야겠다는 다짐에서 그친다면 공공재 절약에 관한 인성교육에서 멈춘 것이 된다.

"얘들아, 포스트잇과 같이 회의할 때 필요한 물품이 있다면 언제든 사줄게. 왜냐고? 학교의 주인들이 무언가를 해보겠다고 하는데 선생님들이 해줄 수 있는 것은 기꺼이 도와야지! 무엇이든 말해. 회의하는 데 필요한 것들을 말해주면 전부 구입해줄게."

공공재를 바르게 사용하는 인성교육을 넘어 자치교육으로 자연스럽게 넘어가는 지점이다. 학생들의 주도성을 높일 수 있도록 격려하고 지지하는 스토리로 재탄생된 순간이다.

포스트잇을 활용해 비슷한 생각끼리 묶는다

이 과정을 거칠 때와 거치지 않을 때, 학생들은 확실한 차이를 보인다. 포스트잇에 그림 그리거나 낙서하면서 낭비하는 모습이 사라지는 것이 가장 두드러지게 달라진 모습이다. 아는 만큼 행동의 변화가 일어난 것이다. 지원해줄 수 있는 든든한 후원자가 있다는 사실을 알아선지 무언가를 해보려는 강한 의욕도 보여준다.

"선생님, 저희 아이들에게 이런 적극성이 있는 줄 몰랐어요."

학생자치역량 강화 워크숍 강의 후, 학생자치 담당 지도교사로부터 종종 듣게 되는 말이다. 아이들이 끊임없이 학교의 문제를 발견하고 아이디어를 내면서 해결하려는 적극적인 모습을 보고 자치담당 선생님께서 학생들의 잠재력을 직접 눈으로 확인한 것이다.

학생이 주체적으로 활동을 해나가도록 돕기 위해서 무엇보다 학생들에게 정확한 지식과 정보를 주는 것이 중요하다. 포스트잇 한 장에 20원이고, 뒷면에 접착제가 발려 있는 이유 등을 알려주는 것처럼 말이다. 이러한 지식과 정보는 학생이 스스로 인적·물적 자원을 자발적으로 디자인할 수 있는 실천 동력과 상상력을 끌어내준다.

나만의 인사법으로
기분 좋은 아침을

"반장, 오늘 인사는 어떤 말로 할까?"

일주일마다 돌아가면서 맡는 학급 반장이 해야 할 일 몇 가지가 있다. 그중에 반장은 일주일간 자기만의 인사말을 미리 준비해야 한다. 하교 시, 반장이 선창을 하면 반 친구들이 반장의 인사말을 따라한다. 반장이 과연 어떤 말로 헤어짐을 표현할지 궁금증과 기대감에 가득차서 반장을 바라보는 학생들의 땡그란 눈과 몇 초간 흐르는 정적은 느껴본 자만이 알 수 있으리라.

예전에는 종례 시 모든 학생에게 내가 학년 초에 공식 인사로 정한 "차 조심, 낯선 사람 조심, 곧장 집으로 가기, 선생님, 안녕히 계세요, 친구들아, 안녕!"을 의무적으로 따르게 했던 적도 있다.

그러나 언제부턴가 교사로서 사명감이라 여기며 '친절'이라는 가면을 쓰고 일방적으로 지시하면서 학생들에게 무조건 따르게 해왔던 것들이 하나둘 보이기 시작했다. 그 무렵 나를 불편하게 했던 것 중 하나가 바로 이 인사법이었다. 아이들이 책가방을 메고 자신들에게 아무런 의미도 없는 말을 반복적으로 로봇처럼 외치고 있다는 것을 깨달은 것이다. 그래서 인사말을 아이들에게 맡기기로 했다.

오래전 근무하던 학교에서 다수결의 원칙에 따라 구성원들의 합의에 의해 요일별 인사법을 만들어 실천한 적이 있다. 구성원들이 동의했다고는 하나 요일별로 다른 5가지 인사법을 구별하는 것 자체가 쉽지 않았다. 인사 방식이 낯설기도 하고 도무지 쑥스러워 인사 자체를 부담스러워하는 학생도 있었다.

1학년 담임 시절에는 교사와 학생이 스킨십으로 하루를 시작하는 인사법도 도전해보았다. 학생이 접촉하고 싶은 부위를 원하는 방식대로 자유롭게 표현하면 교사가 똑같이 따라하는 것이었다. 학년 초, 스킨십의 중요성과 그들과 가까워지고 싶은 나의 바람을 솔직하게 전했더니 모두가 동의해 준 것이다. 그 덕분에 1년간 꾸준히 실천해볼 수 있었다.

단, 오늘은 어제와는 다른 방법으로, 희망에 따라 일주일 동안 다른 방법으로 하도록 미션을 만들어 창의성과 사고력 학습과도 연결될 수 있도록 하였다. 평소 자기 생각이 뚜렷한 준기는 한 학기 동안 매일 다른 인사법을 보이는 탁월함을 보여주기도 했다.

각자 역량에 따라 자신만의 스타일로 인사를 하게 했더니 아침 인사 그 자체가 삶의 활력이 되었다. 교실 문을 들어올 때 아이들의 눈빛부터 달랐다. 아침에 일어나면서부터 '어떻게 인사할까?'를 고민한다는 소식도 전해 들을 수 있었다.

문득 유일하게 내가 똑같은 동작으로 받아주지 못했던 병수의 인사가 떠오른다. 장난기 가득한 눈빛으로 교실 문을 열고 들어오더니 입안에 침이 가득 고인 입술을 가까이 대는 것이 아닌가? 나는 "병수야, 정말 미안해. 오늘만 다른 인사로 해주면 안 될까? 선생님이 부끄러워서."로 밖에 반응할 수 없었다. 창의적인 우리 병수는 "그럼?"하며 금세 코로 부위를 바꿔주는 센스를 보였다.

코를 부비부비 하며 아침을 맞이할 수 있는 행복은 '용기를 갖고 도전해보는 자만이 누릴 수 있는 축복'이라는 메시지가 어디선가 들려온다.

우리는 왜 인사를 하는 것일까? 인사를 하면 무엇이 좋은가? 우리는 종종 인사하는 목적을 잊어버리고 인사하는 방법, 그것도 창의적으로 인사하는 방법만을 찾았는지도 모른다. 공동체 내에서 교육활동을 기획할 때, '활동을 하려는 목적이 무엇인가?'라는 질문을 잊어서는 안 된다. 활동의 목적을 깊이 생각해보는 기회를 갖는 것이 방법을 찾는 데 직접적인 도움이 될 수 있다는 사실을 기억하자.

학급문고,
학생들이 직접 골라요

아침 독서시간, 나는 우리 반 친구들이 학기 초에 직접 고른 학급문고 중 며칠간 가족여행으로 결석한 수영이가 고른 책을 읽고 있다.

어제 국어 시간, 온작품 읽기 수업 도중 갑자기 준우가 큰 소리로 외쳤다.

"선생님, 그런데 우리가 3월 첫 주에 주문한 학급문고 언제 와요? 벌써 5월이 다 되어가잖아요. 읽고 싶어 죽겠어요!"

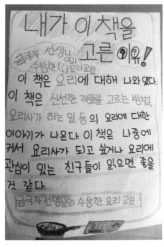
학생이 쓴 책 추천 이유

아마도 온작품 읽기 국어 활동을 하다 보니 학년 초에 신청한 학급문고가 떠오른 모양이다. 공개 입찰 등 행정적인 절차로 인해 지연되고 있는 상황을 설명해주는 것밖에는 특별히 해줄 말이 없었다.

그런데 수업을 마치고 컴퓨터를 보니 주문한 학급문고가 배달되었다는 메시지가 와 있는 게 아닌가. 이 절묘한 타이밍에 놀라지 않을 수 없었다. 아이들은 스스로 검색하여 주문했던 책을 읽고 싶다는 마음에 불타 빠른 발걸음으로 도서관을 향해 달려가 학급문고를 가지고 왔다.

책 분실 우려로 학급문고는 학교 안에서만 읽자고 학기 초에 합의를 했지만 이미 마음이 뜨거워진 학생들에게 이 순간은 예외가 필요한 상황임을 우리는 서로 알아차린다. 그때 준우가 제안한다.

"선생님, 집에 가져가서 읽고 내일 가져오면 안 될까요?"

내가 기다렸던 말이 학생 입에서 먼저 나와줘서 얼마나 감사했는지 모른다. 먼저 말을 꺼내지 않아서 얼마나 다행인가. 이런 순간이 오길 참고 기다렸던 나에게 칭찬의 박수를 보내지 않을 수 없었다.

"당연히 오케이지."

학생들이 선택해야 할 것들을 되찾아 주는 것. 그들의 바람과 요구를 눈치 보지 않고 자신 있게 말할 수 있도록 기다려주고 격려해주는 것. 이것이 바로 학생자치활동의 시작이자 전부이지 않을까?

학생이 주체가 되어 학급문고를 선정하기 위해서는 다음 세 가지 내용의 지도가 선행되어야 한다. 성인들에게는 비교적 쉬운 일이지만 학생들에게는 책 선정을 위해 자료 검색 방법을 익히고 도서 구입 사이트 활용법을 알아가는 것이 낯선 경험이다.

1. 좋은 책 선정 기준(서평 읽는 방법, 책 미리보기 활용법)
2. 인터넷 검색을 통해 책에 대한 정보를 얻는 방법
3. 절판이 된 책을 확인하는 방법(구입 희망도서가 절판 시, 대체할 수 있는 예비 책 목록 작성)

칠판 청소만
세 명이라고?

2학기 들어, 우리 반은 청소 역할 분담을 학급회의를 통해 정하고 있다. 1학기는 제비뽑기 방법으로 운영했는데 맡은 구역 청소를 성실하게 하지 않는 학생들이 늘어나자 청소 희망 장소를 학생들 스스로 정하기로 한 것이다. 만약 원하는 청소 구역이 겹치면 경합자 간에 별도로 조정하자는 합의도 이루어졌다.

그러다 보니 대부분의 학생들이 희망하지 않은 텃밭 가꾸기는 텃밭에 애착을 보여준 준우와 률호가 한 학기 동안 즐

칠판 청소 역할 분담 학급회의

겁게 잡초 뽑기를 하는 것으로 결정되기도 하고, 교실과 칠판을 각각 세 명이 청소하겠다는 이해하기 어려운 제안이 받아들여지기도 한다.

칠판을 청소하는 학생 수와 교실을 청소하는 학생 수가 같다? 나로서는 도저히 이해하기 힘든 결정이었다. 그러나 흥미롭게도 학생들은 친구의 발언을 듣고 이 제안을 흔쾌히 받아들인다. 친한 친구와 청소하면 그 어떤 넓은 곳도 즐겁게 청소할 수 있다는 근거를 제시하며 기꺼이 넓은 장소도 불만 없이 청소하겠다는 것이다. 자율성을 인정해준 만큼 학생들은 성실하게 해나갔고, 안 되는 부분을 개선해나가는 속도 또한 빨랐다.

10월 첫날, 두 번째 청소 역할 정하기 학급회의가 있는 날이다. 지난달에 교실을 청소했던 세 명이 힘들었나 보다. 다섯 명은 해야겠다고 제안하자 이 또한 만장일치로 통과된다. 잠깐 동안 같은 청소 구역 담당자끼리 모여 한 달 동안 어떤 방법으로 청소할지 의논할 수 있는 시간이 주어진다.

다음 날, 교실 청소가 제대로 되지 않자 교사가 조용히 나선다.

"잠깐 주위를 둘러보고 떠오른 생각을 이야기해볼까?"
"제 책상에 낙서가 있어요."
"제 책상에 색연필 자국이 있어요."
"수정이 책상 아래 종이가 떨어져 있어요."
"교실 바닥에 지우개 가루들이 있어요."
"점심시간에 교실 청소를 했는데도 지저분해요."

선생님께서 갑작스레 던진 질문에는 분명 이유가 있을 거라 여긴 학생들은 교실 전체를 훑어보며 교실 청소가 안 된 곳을 찾아낸다.

"교실 청소를 맡은 다섯 명이 이 문제를 해결할 수 있도록 우리가 도와줘야 할 것 같은데……."

모든 친구가 지켜보는 가운데 다섯 명의 교실 청소 담당
자들은 청소를 어떻게 할 것인가 두 번째 회의를 시작한다.
하교해야 할 시간이 되어서일까? 모두가 지켜보고 있어서
일까? 의사결정이 빠르게 진행된다.

"점심 먹고 청소하니 청소를 안 하는 친구가 생기네요. 교
실 청소는 학교 끝나고 하는 것으로 하겠습니다."

그들은 일과를 마치고 기분 좋게 청소하고 집으로 돌아
간다. 오늘도 배운다. 자율적인 의사결정이 학생들을 즐겁게
움직이게 한다는 것을.

같은 장소를 청소하는 학생들끼리 청소 방법에 대해 이야기 나눌 수 있는 자
리를 의도적으로 만들어 청소 규칙을 의논할 수 있도록 해야 한다. 때에 따라서
는 꼼꼼하게 청소하는 학생이 청소 노하우를 전할 수 있도록 신·구 청소 담당자
끼리 연결해주는 자리를 마련해줘야 할 상황이 생기기도 한다.

화장실 쓰레기 문제를
해결하다

요즘 화장실 갈 때마다 기분이 좋다. 예전 같았으면 "어휴, 언제쯤 휴지통 주위에 쓰레기가 널려있지 않을까?" 하며 쓰레기를 정리했을 텐데 말이다.

일주일 전, '1학기 학생 교육과정 평가회' 자리에서 잘 실천하지 못하고 있는 생활습관으로 "화장실 휴지통 주위가 늘 더러워요."라는 말이 학생들의 입을 통해서 자연스럽게 나왔다.

나는 아이들에게 '깨진 유리창 법칙'을 이야기하며 휴지통 주위에 버려진 작은 휴지 하나가 만들어낼 수 있는 부정적 영향력과 방관자들의 태도가 만들어내는 사회악에 대해 간단히 들려주고는 말을 이어갔다.

"비밀 한 가지를 털어놓을게. 선생님이 가끔 너희들 몰래 쓰레기통 주위를 정리했었어. 깨진 유리창 법칙을 생각하면서 말이야. 우리는 왜 휴지를 휴지통 속에 정확하게 넣지 않고 바깥쪽에 버리는 걸까?"

그때 한 남학생이 비난 투로 바로 답하려고 한다.

"우리 남학생들은 잘하고 있는데……"
"아니! 잠깐 기다려줘! 이 문제는 여자 화장실의 문제이니, 여학생들이 스스로 문제 원인을 발견할 수 있도록 해주자! 여학생들이 이야기해볼까?"
"휴지통이 작기 때문에 보지 않고 넣으면 쓰레기가 밖으로 나와요."
"휴지를 멀리서 던져 넣는 친구들이 있어요."
"잘못 버려도 주위에 있는 친구들이 아무 말도 안 해요."
"휴지를 많이 뽑아 쓰다 보면 휴지통이 넘칠 때가 있어요."
"그럼, 우리가 어떻게 하면 그 원인들을 없앨 수 있을까?"
"휴지통이 크면 좋겠지만, 지금 크기도 괜찮은 것 같아요.

저희가 잘 보고 넣으면 될 것 같아요."

"휴지를 던지지 않고 가까이 다가가서 버려요."

"친구가 잘못 버리면 좋게 다시 버리라고 말해줘요."

"필요한 만큼만 사용해요."

"그래! 우리 한번 실천해보고, 만약 실천이 잘 안 된다면, 다시 한번 이 문제 해결방법에 대해서 회의를 해보자!"

어제는 화장실에 막 들어가는데 윤현이가 휴지통 주위에 떨어져 있는 화장지를 예쁘게 넣고 있는 모습을 보았다. 그제는 효정이가 버리다 휴지통 밖으로 나온 쓰레기를 주워서 통 안에 다시 넣고 있다. 며칠 전에는 효원이가 "쓰레기를 정확하게 안으로 넣어. 자꾸 흘린다."라고 친구에게 말해준다.

화장실 쓰레기 문제를 스스로 해결하는 아이들

"한 학기 동안 안 되었던 것이 이렇게 변화된 것이 놀랍지 않아요? 회의하는 것이 그토록 싫은 것일까요? 아니면 진중하게 이야기를 나눴던 것이 동기부여가 됐을까요? 아니면 깨진 유리창의 법칙 이야기가 감화를 준 것일까요?"

동학년 선생님들과 일주일 동안 놀랍도록 완벽하게 실천하고 있는 학생들을 칭찬하면서 한참 동안 웃었다. 그토록 여러 차례 말해도 좀처럼 지켜지지 않던 것이 2학기까지 유지되었다. 무엇이 그들을 변화시킨 것일까?

- 회의가 시작되기 전, 문제와 직접적으로 관련되지 않은 학생들이 개입하여 비난, 평가하는 발언이 이루지지 않도록 회의 규칙을 안내한다.
- 문제의 원인을 발견할 때는 당사자들의 적극적인 참여를 유도하여 자신의 행동을 되돌아보는 기회가 될 수 있도록 한다.
- 문제 해결방법을 찾을 때는 당사자가 아니더라도 모두가 동참하여 다양한 아이디어를 함께 낼 수 있도록 진행한다.

선생님의 훈계보다
강한 친구들의 말

9시부터 수업이 시작되나 우리 6학년에서는 10분 전 아침 활동 시간에 한 권의 책을 함께 읽으면서 하루를 시작하고 있다. 한 명이 소리 내어 읽으면 다른 친구들은 집중해서 듣는다. 듣고 나서 짧게나마 생각과 느낌을 나누면서 '함께'라는 의미를 마음에 새긴다.

8시 50분부터 '한 작품 함께 읽기'가 되려면 몇 분 전에는 주위를 정리하고 의자에 앉아야 한다. 그러나 우리 반 태현이는 오늘도 밖에서 놀다가 책 읽기 시간을 넘겨서야 교실로 들어온다.

"왜 늦었을까?"

"놀다가 목이 말라 물을 마시려는데, 식수대 줄이 길어서 기다리다 늦었어요."

어제도 태현이는 똑같은 대답을 했다. 언젠가부터 일상이 되어버린 무의미한 대화를 오늘은 반복하지 않아야겠다는 생각이 든다.

"오늘은 문득 선생님의 질문이 태현이가 이해하기에 어렵지 않나 반성하게 되네. 너희들이 도와줄 수 있겠니? 그동안 모든 상황을 함께했던 우리 반 친구들이 태현이에게 이 상황에 대해서 질문해줄 수 있을까? 태현이가 우리와 함께 책 읽기를 했으면 하는 마음을 담아서 궁금한 점들을 질문해보자!"

질문을 반 아이들에게 넘겼다.

"왜 늦었어?"

"식수대 줄이 길면 계속 기다리면서 어떤 생각이 들어?"

"여러 번 이런 경우가 생겼는데 계속 늦어지는 이유가 뭐야?"

"늦게 들어올 때 우리에게 어떤 마음이 들어?"

"우리가 읽는 책 내용이 궁금하지 않니?"

"이 문제를 해결할 방법에 대해 생각해본 적이 있니?"

"혹시 집에 물통 있니?"

"네가 약속한 시간에 앉을 수 있도록 우리가 도와줄 수 있는 것이 있니?"

둥그렇게 둘러앉은 반 친구들 모두가 비난이 아닌 질문을 하기 위해 애쓰는 것을 태현이가 조금씩 알아차리는 듯하다.

"미안해. 내일은 꼭 늦지 않고 자리에 앉을게!"

아이들의 대화를 들으며 우리 태현이가 친구들의 대화를 잘 기억하고 약속을 지킬 수 있도록 내가 아침에 미리 준비해줘야 할 것은 없는지 가만히 생각해본다.

행동을 교정하는 데 있어서 교사의 장황한 훈계는 반항심을 불러일으킬 수 있다. 그래서 나는 한 발짝 거리두기를 위해 반 친구들의 힘을 빌리곤 한다.

"지금 ○○의 말을 듣고 어떤 생각이 들었는지 이야기해줄 수 있니?"

"○○의 행동을 보고 궁금한 점을 ○○에게 질문해줄까?"

교사가 감정을 감추고 질문하더라도 오해를 일으킬 여지가 있다면 애초부터 시작하지 않아야 한다. 자칫 질문을 가장한 훈계로 비칠 수 있기 때문이다. 교실의 친구들이 상황을 보고 모두가 중복되지 않은 내용으로 질문을 해주다 보면 교사가 말했을 때보다 부드럽게 받아들이고 20개 이상의 질문을 통해 자신을 객관적으로 보게 되면서 행동의 변화를 가져오게 된다.

다툼을 학생들 스스로
해결할 수 있을까?

3월 어느 날, 두 명의 학생이 다툼이 생겨서 나를 찾아왔다. 각자 자신의 입장에서 싸운 이유에 대해 앞다퉈 말을 하며 다가왔다. 분명 그동안 늘 벌어졌던 상황인데 그날은 유독 그 모습이 낯설게 느껴졌다.

'내가 재판관인가? 내가 경찰관인가? 과연 내가 잘잘못을 판가름해주는 것이 맞나? 교사라는 이름으로 지금 내가 뭐하고 있지?'

갑자기 찜찜한 회의감이 가슴속으로 훅 들어왔다. 그래서 잘잘못을 가리는 어떠한 말도 하지 않고, 의자 두 개를 놓고 학생들이 마주보고 앉을 수 있도록 하였다.

"이 문제에 대해 가장 잘 알고 있는 사람은 누구일까?"
"저희요."
"맞아. 선생님은 너희가 이 문제를 현명하게 잘 해결할 것이라 믿는다. 선생님이 옆에 있지만 없다고 생각하고 너희끼리 이야기하는 거야."

나는 단호하게 말을 했다. 아이들이 대화를 나눌 공간과 시간만을 만들어주고 귀만 그들에게 쫑긋 향했을 뿐 더 이상 그들에게 시선을 주지 않았다. 그러고는 그들 가까이에서 조용히 내 할 일을 했다.

여기서 놓쳐서는 안 될 중요한 팁이 있다. "선생님이 옆에 있지만 없다고 생각하고 너희끼리 이야기하는 거야."라는 메시지를 잘 전달해야 한다. 그렇다고 정말 교사가 사라져버리면 안 된다. 교사는 코치 역할을 해야 한다. 직접적으로 대화에 개입하지는 않지만 대화의 흐름을 잘 따라가고 있어야 하는 것이다. 행여 학생들 간에 문제의 원인을 찾지 못하면 "무엇이 다툼의 원인일까?", "왜 그런 마음이 들었을까?"와 같은 질문을 살짝 건네서 학생들 스스로 문제의 본질을 발견할 수 있도록 도와야 한다.

학생들은 다 안다. 선생님이 자신들에게 관심이 있는지 없는지, 자신들을 믿고 있는지 의심하는지, 선생님이 말로만 사랑한다고 하는지 진심으로 그들을 위하는지를. 그들에게는 애쓰지 않아도 온몸의 열린 감각으로 바로 알아차리는 선생님은 모르는 초능력이 있는지 모른다.

마주보게 놓인 의자에 앉아 서로의 눈을 바라보던 아이들은 피식 웃음을 터뜨리더니 한참 동안 서운했던 점을 이야기한다. 그러더니 갈등이 해결되었는지 활짝 웃는 얼굴로 일어난다.

"궁금하다. 어찌 이리 쉽게 문제가 해결될 수 있는 거야?"
"싸울 때는 얼굴을 보지 않고 싸우잖아요. 막상 얼굴을 보니 미안한 마음이 생겨버려요."
"얼굴을 보니 이야기도 잘 되는 것 같고, 화해도 잘 되는 것 같아요. 왠지 내가 하는 말을 잘 알아주는 것 같거든요."
"눈을 마주보니 친구의 진심이 느껴져 이야기가 잘 되는 것 같아요."

'4분의 마주침'이라는 유튜브 영상을 본 기억이 있다. 첫 만남일지라도 4분 동안 서로 마주하면 상대에 대한 관심과 사랑이 싹틀 수 있다는 것을 보여준 실험이다. 단지 서로의 눈을 지그시 바라보고만 있었을 뿐인데 말이다. 학년 초, 학생들 간의 래포 형성을 위해 이 실험을 교실에서 시도해본 적이 있다.

"처음에는 웃음이 나왔는데 시간이 지날수록 이상한 기분이 들었어요. 영우는 제가 유치원 때부터 알고 지낸 친구라 잘 안다고 생각했었는데 갑자기 내가 영우를 진짜로 잘 알고 있나 하는 생각이 들었어요."

촉촉한 눈빛으로 자신에게 일어났던 미묘한 감정과 생각의 변화를 솔직하게 말해준 화정이의 성찰이 오래도록 기억에 남는다. 나 또한 이 실험에 참여해본 적이 있다. 낯선 타인을 아무 말 없이 몇 분 동안 지그시 바라보았다. 상대에 대한 어떠한 정보도 없었지만

마주보는 것만으로도 화해가 시작된다

한 인간에 대한 연민과 사랑의 감정을 느꼈던 특별한 경험이었다. 어쩌면 편견 없이 바라본 한 인간과 한 인간의 깨끗한 만남이기에 가능한 일이지 않았을까?

그동안 우리 반 학생뿐 아니라 다른 반 친구 간의 다툼까지 기회가 생길 때마다 이 방법을 10회 이상 시도했다. 때로는 두 명, 세 명 간의 다툼, 5학년과 6학년 간의 마찰, 동성 간의 다툼, 이성 간의 갈등 심지어 곧 주먹이 오고갈 것 같은 상황에서도 아이들은 스스로 문제를 해결해내고 웃는 얼굴로 의자에서 일어난다. 진정 이것이 우리 학년 학생들만 가능한 것일까?

팀 협력활동이 주가 될 수 있는 학생자치활동은 결국 소통하는 과정을 통해 관계 맺는 방법을 배우는 것인지도 모른다. 서로의 눈을 지그시 마주보는 건 그리 많은 시간이 걸리지 않는다. 굳이 4분을 채우지 않아도 된다. 3분이어도 좋다. 아니, 2분이어도 좋다. 학생들 간에 자주 서로의 얼굴을 보고 눈빛을 관찰하며 표정을 살필 수 있도록 해주자. 결국 이러한 타인에 대한 관찰이 관심과 사랑을 만들어내고 학생들의 소통 능력을 키워주는 밑거름이 될 수 있을 테니 말이다.

감정에 빠지지 않고
다툼을 해결하는 법

두 아이가 싸웠다. 감정이 격해져 있다. 서로 얼굴을 마주 볼 수 있도록 의자를 마련하여 앉을 수 있도록 한다. 의자에 앉아 무릎을 마주하는 것만으로 감정이 조금 누그러뜨려지는 것이 보인다.

지금 일어난 문제에 대해서 가장 잘 알고 있는 이는 당사자라는 말과 함께 선생님은 재판관이 아니며 모든 인간은 자신의 문제를 스스로 해결할 수 있는 능력을 가지고 있다는 것을 상기시켜준다. 그러고는 차분하게 입을 연다.

"우리는 서로 달라. 그러다 보니 함께 살아가다 보면 분명 오해가 생길 수 있어. 오해가 생겼을 때 대처할 수 있는 방법에는 두 가지가 있단다. 하나는 오해를 그대로 가져가며 서로 등지는 방법, 다른 하나는 오해를 풀고 다시 함께 잘 지내는 방법. 여기서부터는 선택의 문제야. 너희는 무엇을 선택하고 싶니?"

점심시간에 잠깐 싸웠는데도 갈등의 골이 상당히 깊다. 여전히 어떠한 답도 하지 않는다.

"사람에 따라 말이 편한 사람이 있고, 글이 편한 사람이 있어. 말이 편하니? 글이 편하니?"
"말이요!"

두 명 모두 말이 편하다고 한다. 아마도 글로 주거니 받거니 하는 것이 귀찮아서일 것이다. 그러나 이 짧은 대답 하나로 서서히 말이 시작되는 놀라운 경험을 하게 된다. 이제 입은 열었다. 그러나 학생들 스스로 대화로 문제를 해결할 수 있도록 기다려주려니 이 속도로는 점심시간 안에 해결은 불가능해 보인다. 그래서 한 가지 제안을 더 한다.

"현재 우리에게 주어진 시간은 15분이야. 오고가는 대화 속도가 빨라 보이지는 않네. 이 속도로 대화를 나누면 점심시간 안에 끝나지 않을 것 같은데, 6교시 수업 후 이곳에서 다시 대화를 이어가면 어떨까?"

현재 상황을 최대한 있는 그대로 객관적으로 묘사했다. 그런데 가볍게 던진 이 한마디에 신기하게도 대화에 모터가 달리기 시작한다. 서로의 입장에서 무엇이 서운했고 화가 났는지 등이 빠른 속도로 오고가는 것이 아닌가?

씩씩거렸던 어깨가 점점 차분해진다. 흐르던 눈물이 마른다. 점점 서로의 눈을 더 오랜 시간 들여다볼 수 있는 마음의 문이 열린다. 그러고는 "미안해!", "나도!"라는 말과 함께 웃는다.

"현명하다! 현명한 너희들과 함께 살 수 있어서 좋다! 교실로!"

최근 학생들 간 갈등을 교사인 내가 해결해주기보다는 주체적으로 해결해나갈 수 있도록 다양한 방법에 도전해보고 있다. 오늘은 바로 '우리는 선택의 갈림길에 놓여 산다'와 '사람에 따라 말이 편한 사람이 있고, 글이 편한 사람이 있다'라는 지식으로 서두를 시작해본다.

일어난 현상의 옳고 그름에 대한 판단으로 대화를 시작하기보다는 일반화된 지식(오해가 생겼을 때 대처할 수 있는 방법에는 두 가지가 있다. 너희는 이 방법 중에서 선택할 수 있는 권리를 가진다. / 사람에 따라 말이 편한 사람이 있고, 글이 편한 사람이 있다 등)으로 학생들과 대화를 열어가는 것이 효과적이다. 일반화된 지식이 대전제가 되면 학생들의 차오른 감정이 빠르게 해소되면서 자신의 문제를 좀 더 객관적으로 평가하고 해석해볼 수 있게 된다.

　　무엇보다 교사가 학생들과 같은 감정에 빠지지 않아서 좋다. 최대한 객관적으로 상황을 읽어주고 질문해주는 것이 교사의 역할이라 생각하면 학생들 간의 다툼이 강한 스트레스 요인으로 작용하지 않는다.

우리 반 학급회의를
소개합니다

"이 반은 안 쉬어? 쉬는 시간까지 공부해도 아이들이 가만히 있어? 우리 반에서는 있을 수 없는 일인데⋯⋯."

쉬는 시간, 옆 반 선생님께서 우리 반 문을 열고 들어오다가 다들 열띠게 회의하고 있는 모습을 보고는 놀라서 소곤소곤 물으신다.

학생들에게 학습권이 있는 것처럼 분명 휴식권도 중요하다. 쉬는 시간까지 공부가 이어지면 학생들의 원성이 자자

하다 보니 교사들은 가능한 한 정해진 시간 안에 수업을 마무리하려고 한다. 나 또한 예외는 아니다.

그러나 가끔 예외 상황이 자연스럽게 만들어질 때가 있다. 갑작스레 생긴 문제는 지체 없이 회의를 통해 해결방법을 찾아야 한다. 이런 상황이 생기면 나는 주로 중간놀이시간 전인 2교시를 활용한다. 2교시에 회의를 하는 교사의 숨은 의도를 이미 눈치채신 분도 계실 것이다.

2교시에 회의를 진행하면 아이들은 중간놀이시간을 침해받고 싶지 않아 집중해서 의견을 펼치고 합의해간다. 빠른 의사결정을 위해 적극적으로 의견을 표현하는 것 또한 훈련되어야 할 회의의 자세이다.

쉬는 시간까지 회의를 가능하게 한 요인이 무엇일까? 토의 주제가 자신의 문제로 다가오지 않았다면 쉬는 시간까지 회의가 이어질 수 있었을까? 회의 시작 전, 학년 초 합의된 회의 진행 기본 원칙을 상기시킨 것도 이유가 될 것이다.

"우리가 어떤 과정으로 회의하면 좋을까?"
"제일 먼저 안건에 나오는 말들에 대해 합의하는 과정을 거쳐요!"
"문제의 원인을 찾아 그 원인을 없애기 위한 방법들을 찾아요!"

"최대한 구체적이고 자세한 방법들을 찾아봐요!"

"벌을 주기보다는 더 잘할 수 있도록 격려하고 칭찬해주는 방법을 찾아요!"

"다수결의 원칙으로 결정하기보다는 가능한 모두가 동의할 수 있도록 설득해요!"

"우리 모두에게는 양심이 있다는 것을 기억하고, 서로 의심하지 않고 믿으면서 방법을 찾아내요!"

학급회의 시작 전, 회의 주제뿐 아니라 회의 시간을 정할 때도 학생들과 다음과 같은 합의의 과정을 거친다.

"오늘 우리가 40분 동안 해결해야 할 안건은 총 두 가지로 이러이러한 내용들이다. 안건이 두 개이니 하나당 몇 분씩 회의하면 좋을까?"

"20분이요!"

"각각 20분씩 하는 것이 좋겠니?"

"앞 안건은 간단하니 10분 안에 해결될 것 같아요. 10분, 30분으로 하면 좋을 것 같아요."

회의란 단편적인 생각의 나열이 아닌 절차를 걸쳐 합의를 도출해내야 마무리될 수 있다는 우리 반의 회의 약속도 학생들에게 영향을 주었을 것이다. 회의 주제에 따른 회의 시간 배분을 학생들 스스로 결정하게 한 것처럼 회의에 참여하는 주체에게 부여할 수 있는 권한을 실제로 인정해주었기에 학생들도 적극적으로 회의에 참여하게 된다.

학기 초에 학급자치회 워크숍을 통해 회의 진행과정과 회의 원칙들에 대해 학생들과 합의해두면 회의의 효율성을 높일 수 있다. 학급회의에 대한 이해를 돕기 위해 실제 우리 반에서 있었던 회의를 소개한다.

  "오늘 학급회의를 통해 함께 이야기 나누고 싶은 문제가 있을까요?"

생각하는 데 필요한 시간을 학생들에게 묻고 학생들이 말한 시간만큼 충분히 생각할 수 있도록 한다.

  "차례대로 이야기해볼까요? 없으면 '패스'라고 말하면 됩니다."

원 모양 좌석 배치 시, 앉아 있는 순서대로 발표하는 것이 합의된 원칙이다. 단, 발표할 차례가 되었으나 발표 준비가 되지 않았을 때는 '패스'를 말할 수 있다. 차례대로 한 바퀴 돈 후에는 '패스'를 말한 학생들만 순서대로 친구들이 발표한 내용을 참고하여 자신의 생각을 말할 수 있도록 한다. 모든 학생들이 같은 의견을 가지고 있더라도 자신의 언어로 표현해볼 수 있도록 하는 데 목적이 있다.

"몇몇 친구들이 욕을 많이 해서 듣기 불쾌하고 스트레스를 받아요."

"실내화를 신고 운동장에 나가는 친구들이 여전히 몇 명 있어요."

"점심시간에 핸드폰으로 음악을 너무 크게 틀어 시끄러워서 교실에 있을 수가 없어요."

"욕설 관련해서는 마침 내일 국어 시간 학습 주제와 연결이 되니 내일 해보면 좋겠습니다. 실내화 관련해서는 지난 주 학년 다모임에서 이야기가 되었는데 잘 지켜지지 않는다면 다모임에서 다시 이야기해보면 어떨까요?"

"좋습니다. 이번 시간에는 점심시간 음악에 대해 이야기해보고 싶다는 의견이 많이 나와서 이 안건으로 토의를 시작해보면 어떨까요? 현재 상황을 있는 그대로 말씀해주실 수 있으실까요?"

"점심시간에 순진이가 음악을 크게 틀어 독서하고 싶은 친구들에게 방해가 되고 있습니다."

"음악 소리가 큰지 몰랐어요. 소리를 줄여달라고 말을 했으면 제가 알았을 텐데요. 말을 하지 않으니 잘 몰랐어요. 그런데 저도 제안하고 싶은 점이 있습니다. 책을 읽고 싶으면 도서실에서 읽으면 어때요?"

"도서실까지 오고가는 데 시간도 많이 걸리고 책을 읽다 보면 시간 가는 줄 몰라 5교시 수업에 늦을 수 있어서 도서실이 불편합니다. 저는 여러분이 교실에서 음악을 듣는 것처럼 제가 생활하고 있는 교실에서 편하게 책을 읽고 싶습니다."

"신해 말처럼 저도 힘듭니다. 음악을 듣는 친구들은 음악을 크게 틀어놓거나 흥에 겨워 따라 부르는 소리가 점점 커져 굉장히 힘듭니다."

"소리가 너무 커서 불편할 경우, 바로 말을 해주면 소리를 줄이겠습니다. 꼭 말씀을 해주세요."

"하루 중 저희의 자유시간은 중간놀이시간과 점심시간입니다. 책을 읽거나 조용히 공부하는 친구들한테 점심시간에 음악을 크게 틀어 시끄럽게 한 것은 미안한 일이지만 이 두 시간 모두 책을 읽는 친구에게만 교실 공간을 주는 것은 공평하지 않다고 생각합니다."

"음악을 듣는 친구들은 점심시간만 음악을 듣습니다. 그러니 책을 읽는 친구들은 중간놀이시간에 충분히 책을 읽고 점심시간에는 음악을 듣는 친구에게 교실 사용을 양보해주면 어떨까요?"

"우리 학년에서는 다른 반에 가서도 놀 수 있게 학기 초 학년 다모임에서 결정되었잖아요. 다른 반 친구들이 우리 반에 와서 음악을 들을 수 있도록 하고 우리 반 친구 중 책을 읽고 싶거나 조용히 공부하고 싶은 친구들은 다른 반으로 가는 것은 어떨까요?"

"현재 1반은 점심시간에 교실에 학생들이 거의 없고 한두 명의 친구들만 반에서 책을 읽는 것을 본 것 같습니다. 점심시간에 1반을 도서관으로 하면 어떨까요? 선생님 생각은 어떠세요?"

"다른 반과 협의해서 결정할 일이기는 하나 선생님이 가능할 수 있도록 옆 반 선생님들과 의논해볼게요."

학급회의 후 나는 회의에서 나온 의견에 대해 학년 학생들과 동학년 선생님들의 동의를 구했다.

"선생님들께서 각 반 학생들에게 우리 반에서 낸 의견을 전달한 결과. 선생님과 학생 전원이 동의하여 점심시간에는 다음과 같이 운영하게 되었어요."

6학년 1반 - 도서관
6학년 2반 - 회의실
6학년 3반 - 음악감상실
6학년 4반 - 보드게임방

- 회의란 결국 토의·토론을 통해 모두가 합의할 수 있는 안을 만들어가는 과정이다. 회의를 통해 나온 결정에 좋고 나쁨은 없다. 단지, 내가 동의했느냐 동의하지 않았느냐가 실천 동력을 만드는 데 영향을 준다. 그래서 학급회의는 학급 구성원 모두가 만족할 만한 결론이 나올 수 있도록 끊임없이 의견을 내고 수정해가는 과정을 학습하는 데 목적이 있다.

- 가치와 태도로 진술된 추상적인 용어들로 표현된 해결방안이 아닌 구체적인 행동 용어들로 만들어진 실천 방법들이 나올 수 있도록 하기 위해 안건에 나오는 단어의 의미를 규명하고 합의하는 과정이 회의 초반에 이루어져야 한다.

- 개념을 명확하게 규명한 후, 문제가 일어난 원인을 발견하여 그 원인을 줄이거나 없애는 방법들을 토의하게 되면 구체적인 실천 방법들이 도출될 수 있을 것이다.

- 교사가 판단하여 결정하기보다는 학생들에게 물어 그들이 선택한 것들이 현실화될 수 있는 환경을 만들어간다. 사소한 것 하나까지도 학생에게 묻고 귀를 기울여 들어줄 때 그들은 교사를 신뢰하게 되며 든든한 지원군으로 받아들인다. 이 과정을 통해 학생들의 주도성이 자연스럽게 신장될 것이다.

- "다른 반과 협의해서 결정할 일이기는 하나 선생님이 가능할 수 있도록 의논해 볼게요."와 같은 발언처럼 학생들이 합의해낸 의견이 실현될 수 있도록 교사가 적극적으로 돕겠다는 의지를 언어로 내비쳐주는 것은 학생자치활동이 활발하게 일어날 수 있게 하는 핵심이다.

3

'우리'를
함께 고민하는
학년자치

상바시
프로젝트가
뭐예요?

상바시 학년자치 팀프로젝트 활동
선후배를 연결시켜주는 학년연계 활동
자치로 엮어낸 학년생활 교육방법

교사와 학생이 함께하는
학년자치활동

작년부터 교과와 연계하여 학년자치활동으로 상바시(상무초를 시작으로 세상을 바꾸는 시간) 팀프로젝트를 진행해오고 있다. 5학년 때는 자신의 삶을 돌아보고 학년 내의 문제를 발견하고 해결했다면, 6학년 때는 최고 학년으로서 학년을 넘어 학교가 변화될 수 있도록 후배와의 직접적인 소통과 연결 속에서 주도적으로 활동을 계획하고 실천할 수 있도록 하였다.

지난주 '1분기 학교생활 돌아보기' 시간에 옆 반 현이가 상바시 활동 성찰일지에 "내 몸 하나 조절하기도 힘든데 세상을 바꾸려니 힘들다."라고 기록했다는 말을 듣고 작년부터 현이의 성장 과정을 지켜보았기에 귀여워서 한참 동안 웃었다.

작년과 비교했을 때 이제는 외부 상황을 탓하기보다 자신을 돌아보고 자신에게서 문제 원인을 찾고 해결하려는 의지를 보이기 시작한 것이 대견스럽기도 했다. 친구들의 도움을 받으며 팀프로젝트 활동을 진행해가면서 문제의 원인을 다양한 시각에서 찾아볼 수 있는 힘을 키워가고 있음을 보여준 것이기도 했다. 도전 과정에서 그동안 관심을 주지 않았던 학교의 넓이를 감각적으로 느낀 경험을 자신의 언어로 표현해낸 것 또한 놀라운 발전임이 분명하다.

한편 이러한 성장에 대한 뿌듯함 뒤에 또래보다 한 살 어린 현이에게 학교가 세상의 넓이만큼 크게 느껴졌을지 모른다는 생각이 들어 좀 더 배려하지 못한 것이 미안하기도 했다.

상바시 학년자치 팀프로젝트 활동을 통해 "내가 변하면 다른 사람도 변할 수 있다는 말의 의미를 이제는 알 것 같아요."라며 교사의 의도대로 성큼성큼 따라오는 모범생들도 있다. 그러나 모든 학생이 쉽게 따라오는 것은 아니다. 그래서 학생만의 고유함을 인정하고 지지해주면서 함께 성장해 가는 기쁨을 맛볼 수 있도록 교사인 내가 좀 더 살뜰히 학생들을 챙겨야겠다는 다짐을 하게 된다.

학생들은 자율이 주어진 만큼 책임 또한 함께 짊어지고 있다. 학생들의 무거운 책임감을 어른인 내가 함께 나눌 수 있는 방법들에 대해 잠시 고민해본다. 그들이 기꺼이 책임지고 싶어 하고 책임져야 한다는 것을 깨달을 때까지만이라도 해줄 수 있는 일이 무엇이 있을까?

나는 더 이상 예전의 꼰대 교사가 아니다. 학생자치활동에 대해 궁금증과 호기심을 갖기 시작한 날, 꼰대 교사는 죽었다. 학생들을 지휘통솔하기 위한 권위를 벗어던져야겠다고 마음먹은 날, 나는 새롭게 다시 태어난 것이다.

상바시 프로젝트,
어떻게 진행되나요?

3월 첫 주, 오전 4시간 동안 진행되었던 상바시 학년자치 팀프로젝트 오리엔테이션 시간은 5학년 학생들에게도 그렇겠지만 나에게도 무척이나 새롭고 신선한 경험이었다.

1교시에 주체적인 개인이 어떻게 리더가 되는지, 그 리더가 좋은 팀을 만들어가기 위해 필요한 자세가 무엇인지에 대한 수업이 이루어졌다. 2교시에는 또래 친구들이 실천한 학생자치활동 사례를 들려주면서 우리가 한 학기 동안 진행할 팀프로젝트 주제를 생각해낼 수 있는 회의 방법을 익혔다.

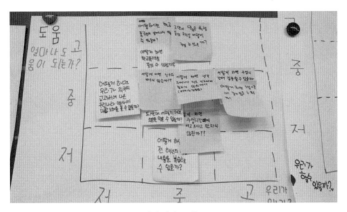

의사결정 그리드

학생들이 포스트잇 사용법을 익혀 무임승차자 없이 팀명과 팀 구호를 정하고, '의사결정 그리드'를 사용하여 프로젝트 주제를 정하는 것을 보니 대견했다. 일주일에 1회 이상 자발적으로 모여 프로젝트를 진행하기 위한 팀 회의가 이루어져야 한다. 팀 회의 후에 개인별로 성찰일지를 작성하는 것에 대한 안내와 팀별로 활동에 필요한 물품을 구입할 수 있도록 물품 신청 방법에 대해서 알려주었다.

일주일에 한 번씩 스스로 팀 회의를 해나간다? 이것이 가능할까? 학생들이 중간놀이시간 또는 점심시간에 놀지 않고 회의한다? 의구심이 든 것도 사실이다. 상바시 회의를 한다고 학생들끼리 모여 있는데 잘 해낼 것인지 걱정되고, 나도

빛나는 상록탐이 영양사 선생님께 인터뷰 하겠습니다

1. 한달에 들어오는 음식재료의 양? (2019.5.9)
2. 한달에 남긴 음식물의 양?
3. 영양사 선생님은 어떻게 식단을 짜는가?
4. 반찬을 맛있게 만드는 방법
5. 학생들이 좋아하는 음식
6. 하루에 음식을 얼마나 남기는 지?
7. 만약에 우리가 식단을 짠다면 언제쯤 식단에 나올까

상바시 프로젝트 활동 중 진행한 인터뷰

어떻게 지도해야 할지도 모르겠고, 학년자치 담당 선생님 혼자 하는 것 같아 미안한 마음도 들었다.

학년 초 교육과정을 계획할 때는 내가 도와주겠다고 말은 했지만 마음 한구석에는 '굳이 하지 않아도 되는 학년자치 활동까지 해야 할까? 그만한다고 할까?' 하는 생각도 불쑥불쑥 올라왔다. 그럴 때마다 '내가 이러면 안 되지. 적극적으로 도와주지는 못할망정 하고자 하는 마음은 꺾지 말자.' 하고 다짐하며 1년 동안 한 걸음 한 걸음 함께했다.

교사들은 학생들이 매주 회의 후 기록해야 하는 팀별 성찰일지를 확인해 진행상황을 점검했다. 팀 회의가 자발적으

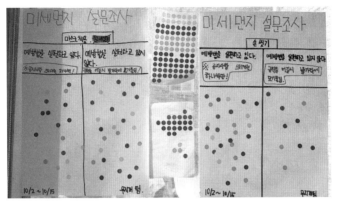
상바시 프로젝트 활동 중 진행한 설문지

로 이루어지지 않는 팀들은 교재연구실 한쪽에 돗자리를 깔고 그곳에서 정기적으로 회의가 이루어질 수 있도록 도왔다.

'어떻게 하면 우리 팀이 스스로 회의를 잘할 수 있을까?' 라는 문제를 해결한 후에 팀별 주제 탐구 활동이 이루어질 수 있도록 하였다. 회의가 원활하게 진행되지 못한 원인을 해결하는 별도의 연구 활동이 추가된 것이다.

11월에 있을 최종 발표회 전 7월의 중간 발표회에서는 지금까지 진행해온 과정을 간략하게 발표했다. 학생들 간에 질문을 통해 앞으로 이루어질 활동들에 대한 아이디어를 공유하는 자리를 마련한 것이다.

최종 발표회인 5학년 상무 축제, 1년 동안 해온 상바시 프로젝트를 부모님과 친구들 앞에서 발표하는 날이다. 학생들 발표 모습을 보는 내내 '하기를 참 잘했구나'라는 생각이 들었다. 학생자치활동을 다년간 해오신 김경희 선생님께서 "선생님, 학생들이 엄청 성장할 거예요. 달라진 것을 보실 수 있을 거예요!"라고 확신에 차서 말씀하신 이유를 이제는 알겠다.

스스로가 주체가 되어 팀프로젝트를 진행하면서 자신들의 장단점과 무한한 가능성을 발견하고 협동의 중요성까지 자신들의 입으로 말하는 것을 보니 학년자치활동을 통해 1년 전보다 많이 성장했다는 것을 눈으로 확인할 수 있었다. 그런 학생들의 모습이 멋져 보이고 사랑스러웠다.

오늘 내가 지도한 상바시 세 팀 모두 잘했다. 그중 '어떻게 하면 스마트폰으로부터 우리의 눈을 지켜낼 수 있을까?'를 주제로 한 팀이 세 달간 실천한 결과를 청중들에게 잘 표현해낼 수 있을까 걱정했는데, 걱정과는 달리 청중들이 질문도 많이 해주고 팀원들이 척척 답변을 해내서 대견하고 자랑스러웠다. 팀원들이 시행착오 과정을 거쳐 직접 실천 방법을 찾아냈기에 어떠한 질문에도 자신 있게 답하는 모습을 보여줄 수 있었던 것이다.

'어떻게 하면 우리가 5·18을 기억할 수 있을까?'와 '4·16,

일제강점기, 한글날'등 계기교육 관련 주제를 탐구한 팀들도 훌륭하게 잘 해냈다. 교사들이 계기교육 관련 수업을 해도 좀처럼 흥미를 느끼지 않던 학생들이 상바시를 통해 스스로 주제를 찾아 탐구하다 보니 사건의 원인과 그에 따른 결과도 명확히 알아내고 '상바시를 통해 얻은 지식은 평생 잊지 못할 것 같다'는 성찰까지 해내는 것을 보고 강의식 수업에서 벗어나기 위한 우리 교사들의 노력이 절실히 요구된다는 것도 피부로 와닿았다.

축제 마무리 단계에서 교사 대표로 내가 소감을 말하게 되었다.

"오늘 상바시를 통해 선생님은 여러분들의 성장을 볼 수 있었습니다. 세상을 변화시키려면 먼저 자기가 변해야 합니다. 그래야 남을 변화시킬 수 있습니다. 내년에는 자신의 성장뿐만 아니라 6학년 전체를 변화시키고 더 나아가 최고 학년으로서 상무초를 변화시킬 수 있길 소망합니다."

내년 6학년과 함께 상바시를 진행한다. 너무 기대가 된다. 이 학생들이 내년에 또 얼마나 성장하게 될까? 아이들의 성장을 함께 할 수 있다는 사실에 벌써부터 행복해진다. 내년 3월 초, 우리 반 학생들에게 꼭 말해주고 싶다.

"너희들의 상바시 팀프로젝트를 진행하는 모습에 반해 6학년 담임교사를 하겠다고 결정했단다. 멋지게 성장해가는 자신의 모습을 다시 한번 경험할 수 있도록 서로 도우면서 잘 살아보자."

내년 내 일기 제목이 '나를 바꾸는 시간'에서 더 나아가 '상무초를 바꾸는 시간'이 되었으면 한다. 오늘의 감동을 잊고 싶지 않아 이렇게 일기로 적어본다.

상바시 학년자치 팀프로젝트 오리엔테이션 지도 내용

1. 팀 조직하기 : 학년 친구들 4~7명을 한 팀으로 조직(학생 희망 반영)
2. 팀명, 팀 구호, 역할 정하기 : 포스트잇을 활용하여 전원 의견 내기 → 투표
3. 팀 활동주제 선정하기 : 또래 친구들의 학생자치활동 사례를 보고 해결하고 싶은 주제 브레인스토밍 → 주제 선정(의사결정 그리드 활용)
4. 성찰일지 작성하기 : 매주 1회 이상 팀 회의 후 개인별로 성찰일지 작성
5. 필요물품 구입 방법 알기 : 학생참여 예산제 소개
6. 지도교사 조언과 피드백 받기 : 매주 성찰일지 점검을 통해 정기적으로 조언 구하기

6학년 팀프로젝트 상바시 성찰일지

팀 주제 (   ) -

월 / 일	팀 회의와 팀 활동을 통해 내가 배운 점 - 알게 된 것은 무엇입니까? - 기억해야 할 것은 무엇입니까? (자세하게 적기)	내가 느낀 점 - 오늘 활동 후, 기분이 어떻습니까? - 더 깊이 알고 싶은 것이 있습니까? (자세하게 적기)	나의 다짐과 앞으로 실천 계획 - 우리 팀이 앞으로 해보고 싶거나 할 수 있는 것에는 무엇이 있을까? - 해보고자 하는 것을 잘 해나가기 위해 무엇을 준비해야 할까? (자세하게 적기)

학년 축제가 된
상바시 프로젝트

"우리가 13주 동안 실천한 활동들을 부모님과 선생님들 앞에서 발표한 날이어서 그런지 많이 떨렸어요. 상바시 활동으로 각 학년 기부 물품을 모아서 나눔 코리아라는 단체에 직접 기부해서 뿌듯했고, 기부에 대해 친구들에게 홍보를 한 내 자신이 자랑스러웠어요."

"5·18을 주제로 한 팀이 5·18 기록관 견학을 가서 팀원들이 먼저 자세히 공부하고, 5·18 관련 퀴즈대회를 열어 우리들에게 5·18에 대한 중요한 점들을 들려줘서 대단해 보였어요."

"냄새가 심하게 났던 화장실에 재활용품을 활용한 친환경

방향제를 직접 만들어서 향기 나는 화장실로 변화시킬 수 있어서 기뻤어요. 나눔장터에서 이 방향제 만들기 체험부스를 만들어 홍보도 하니까 저희가 좋은 일을 한 것 같아 기뻐요."

"저희 팀원들의 공통점은 정리정돈을 잘 못하는 것이었어요. 그래서 책상이 늘 더러웠지요. 한 학기 동안 정리정돈하는 방법을 제대로 배운 것 같아요. '어떻게 하면 우리가 책상을 깨끗하게 사용할 수 있을까?'라는 주제를 실천하다 보니 이제는 책상 속과 사물함 속도 잘 정리되고 있어요."

깊어가는 가을날, 시청각실에서 '하나된 열정, 하나된 상무초, 꿈과 성장이 있는 5학년 축제'가 열렸다. 오전 9시부터 12시까지 이루어진 축제에서는 학생들이 학년 자치활동 시간과 교과 및 짜투리 시간을 활용하여 상무초를 긍정적인 방향으로 바꾸기 위해 실천했던 활동 과정과 결과를 부모님들 앞에서 발표하는 자리를 가졌다.

발표된 11개 주제에는 '어떻게 하면 우리가 스마트폰으로부터 우리들의 눈을 지킬 수 있을까?', '어떻게 하면 우리가 어려운 이웃을 도울 수 있을까?', '어떻게 하면 우리가 친구를 차별하지 않을까?' 등과 같은 직접적으로 학생들의 삶과 관련된 생활 주제뿐만 아니라 '어떻게 하면 우리가 5·18과 4·16을 기억할 수 있을까?', '어떻게 하면 우리가 한글날을

상바시 축제 모습

잘 기념할 수 있을까?' 등 계기교육 관련 주제도 있었다.

　팀프로젝트 활동을 진행하는 과정에서 팀과 자신의 생활 습관의 변화와 실천 과정을 발표한 데 이어 청중들에게 질문을 받고 답변하는 활동을 통해 학생들의 성장을 한 차원 업그레이드할 수 있는 형식으로 진행되었다. 또한 원활한 진행을 위해 발표회 시간 동안 나누지 못한 상호 피드백과 소감, 질문 등을 포스트잇에 적어 공유할 수 있도록 하였다.

발표회 후 학부모님 소감을 나눌 때, 화희 어머님께서 격려의 말씀을 해주셨다.

"학생들이 한 학기 동안 성실하게 참여한 활동들을 진솔하게 보여준 교육적으로 의미 있는 자리였어요. 학생들의 성장 과정을 엿볼 수 있어서 감동적이에요. 내년에도 이 활동을 이어가면 좋겠어요."

프로젝트 활동을 이끌어온 지도교사 또한 학생들에게 칭찬을 아끼지 않았다.

"1학기 프로젝트 기간에 비해 2학기 활동 기간이 짧았는데도 실천을 통해 생활의 변화를 이끌어낸 친구들이 자랑스러웠어요. 학교가 변화하기 위해서 가장 먼저 여러분 스스로가 달라져야 합니다. 실천하는 한 사람, 한 사람이 모이다 보면, 결국 학년, 학교가 조금씩 달라져가는 것을 느낄 수 있을 것입니다."

상무 축제에 참여했던 학생, 학부모, 교사들의 피드백과 다른 주제로 두 차례 이루어졌던 상바시 프로젝트의 장단점

을 협의하여 학생들 스스로 상바시를 재디자인해볼 수 있는
기회를 마련하여 더욱 발전된 모습으로 이어나갈 계획이다.

5학년 상바시 운영 방법
- 5학년 1학기, 2학기 팀 구성 및 연구 주제를 다르게 진행하였음.
- 다양한 주제를 경험해보는 것은 좋았으나 2학기 프로젝트 기간이 1학기에 비해 짧았음.
- 1학기 활동이 토대가 되어 2학기 활동이 순조롭게 진행되었음.
- 학년 교육과정 중 자치활동 시간만을 확보하여 운영하고, 그 외 시간은 자투리 시간(아침시간, 중간놀이시간, 점심시간)을 활용함.
- 중간 발표회를 통해 진행사항을 상호 피드백할 수 있는 기회를 가짐.

5학년 1학기, 팀별 연구 주제

순서	팀명	팀주제
1	유기농 오이	어떻게 하면 우리가 환경을 보호할 수 있을까?
2	양팔저울	어떻게 하면 세월호를 기억할 수 있을까?
3	상무를 위한 행진	어떻게 하면 우리가 5·18을 기억할 수 있을까?
4	I Love 5학년	어떻게 하면 우리가 일제강점기를 잘 알 수 있을까?
5	Misson impossible	어떻게 하면 화장실을 깨끗하게 사용할 수 있을까?
6	Sangmoo cef	어떻게 하면 우리가 어려운 이웃을 도울 수 있을까?
7	세븐팀	어떻게 하면 우리가 책상을 깨끗이 사용할 수 있을까?
8	훈민정음 특공대	어떻게 하면 우리가 한글날을 잘 기념할 수 있을까?
9	상무초 특공대	어떻게 하면 우리가 친구를 차별하지 않을 수 있을까?

| 10 | 상무 무지개 파이팅 | 어떻게 하면 학교폭력을 없앨 수 있을까? |
| 11 | 밤하늘의 별들 | 어떻게 하면 스마트폰으로부터 우리들의 눈을 지킬 수 있을까? |

5학년 2학기, 팀별 연구 주제

순서	팀명	연구주제
1	상무 fire	어떻게 하면 수업이 지루하지 않을까?
2	상무는 못말려	어떻게 하면 동생들과 친해질 수 있을까?
3	희망의 꿈나무	어떻게 하면 수업시간에 집중할 수 있을까?
4	상무돌격대	어떻게 하면 우리가 심한 장난을 하지 않을 수 있을까?
5	나뭇가지팀	어떻게 하면 화장실을 깨끗하게 사용할 수 있을까?
6	칠팀	어떻게 하면 수업시간에 화장실이나 물 먹으러 가는 것을 줄일 수 있을까?
7	행운의 세븐팀	어떻게 하면 친구들이 수업에 집중할 수 있을까?
8	팀이루	어떻게 하면 우리가 이성 친구를 많이 만들 수 있을까?
9	아이 러브 상무	어떻게 하면 우리가 공부를 즐겁게 할 수 있을까?
10	협동 노블맨스	어떻게 하면 우리가 쓰레기를 바닥에 버리지 않을까?
11	5가지 색연필	어떻게 하면 수업을 즐겁게 참여할 수 있을까?
12	상무에몽 7기	어떻게 하면 아침시간을 효율적으로 보낼 수 있을까?
13	상무 챔피언	어떻게 하면 우리가 학교에서 다치지 않을까?

6학년 상바시 운영 방법

- 1년 동안 동일한 팀원으로 두 개의 주제를 동시에 진행함.
- 두 개를 동시에 하니 몰입도가 약해짐. 한 학기 한 주제가 더 효과적일 듯.
- 교육과정 재구성을 통해 도덕, 사회, 창체 수업에서 시수를 확보하여 1주일 1회 팀 회의가 이루어질 수 있도록 함.
- 중간 발표회를 통해 진행사항을 상호 피드백할 수 있는 기회를 가짐.

6학년 상바시 연구 주제

	팀명	주제(1)	주제(2)	
1	상무 히어로즈	어떻게 하면 우리가 환경보호 할 수 있을까?	어떻게 하면 우리가 제헌절을 기억할 수 있을까?	7월
2	상무 원정대	어떻게 하면 우리가 일회용품 사용을 줄일 수 있을까?	어떻게 하면 우리가 명절(전통)을 살릴 수 있을까?	9월
3	무지개	어떻게 하면 우리가 미세먼지로부터 우리 몸을 보호할 수 있을까?	어떻게 하면 우리가 4·19를 기억할 수 있을까?	4월
4	빛나는 상무초	어떻게 하면 우리가 음식물 쓰레기를 줄일 수 있을까?	어떻게 하면 우리가 학생독립운동기념일을 기억할 수 있을까?	11월
5	상무적 참견시점	어떻게 하면 우리가 체력을 기를 수 있을까?	어떻게 하면 우리가 4·13(대한민국 임시정부 수립 100주년)을 기념할 수 있을까?	4월
6	희망의 상무초	어떻게 하면 우리가 학교를 깨끗하게 할 수 있을까?	어떻게 하면 우리가 6·25를 잊지 않을 수 있을까?	6월
7	세븐 클러버	어떻게 하면 우리가 친구들의 인권을 존중할 수 있을까?	어떻게 하면 우리가 5·18을 기억할 수 있을까?	5월
8	상무 발전기	어떻게 하면 우리가 우리들의 건강을 지킬 수 있을까?	어떻게 하면 우리가 광복절을 기억할 수 있을까?	8월
9	상무초 화이팅	어떻게 하면 우리가 키를 키워서 건강해질 수 있을까?	어떻게 하면 우리가 한글날을 기억할 수 있을까?	10월
10	상무해피	어떻게 하면 화장실을 깨끗하게 사용할 수 있을까?	어떻게 하면 우리가 지구촌 불끄기 행사에 적극적으로 참여할 수 있을까?	3월

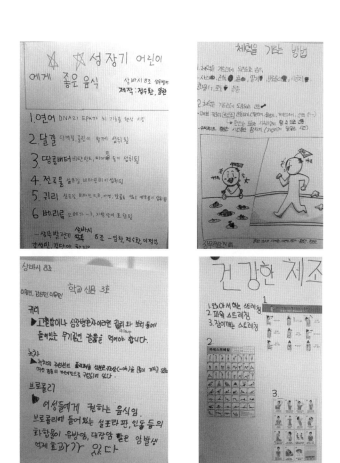

상바시 프로젝트 실천 결과물

해체 위기에 놓인 팀,
어떻게 지도해야 할까?

"화이팅팀이 2학기까지 팀프로젝트를 진행해갈 수 있을지 걱정이 됩니다. 어떻게 해야 할까요?"

1학기 말에 이루어진 학년자치 팀프로젝트 중간 발표회에서 무성의하고 무책임한 발표 자세를 보여준 화이팅팀을 지켜본 학생과 교사 들은 이 상황을 그대로 넘길 수만은 없었다. 팀 지도교사의 지속적인 피드백에도 어떠한 변화도 보여주지 않은 그들을 위한 특별한 조치가 분명 필요한 시점이었다.

"이 팀을 해체하고 팀원들은 다른 팀으로 한 명씩 들어가면 좋겠습니다."

"이 팀은 선생님 교재연구실에서 회의를 하면 좋을 것 같습니다."

이와 같은 팀 해체론에 대한 의견에 대다수가 동의하는 분위기였다. 그때, 정인이가 손을 번쩍 들고 큰 목소리로 말한다.

"무엇보다 화이팅팀 친구들의 의견이 중요하다고 생각합니다. 잘 해보겠다고 하니 이번 한 번 더 기회를 줘야 할 것 같습니다. 그들에게도 스스로의 일을 결정할 권리가 있으니까요. 다른 팀으로 가서 잘 적응할까도 염려됩니다. 다른 팀의 주제는 자신들이 정한 주제가 아니라서 적극적으로 참여하지 않을 수도 있습니다."

정인이의 의견이 결국 우리 모두를 살렸다. 교사가 염려했던 부분을 학생들의 언어로 정확하게 표현해준 것이다. 정인이의 말을 듣자마자 순간적으로 밝아진 교사의 환한 얼굴 때문이었을까? 정인이의 호소력 있는 의견에 모두가 적극 동의하는 분위기가 만들어지며, 화이팅팀에게 다시 한 번 도전해볼 기회가 주어졌다.

그러나 교사는 화이팅팀에게 변화가 쉽게 찾아올 것이라 기대하며 가만히 지켜볼 수만은 없다. 학생들은 이런 자리를 통해 무책임한 발표 준비 태도가 불러일으킬 수 있는 소용돌이를 체감했을지는 모르나, 구체적으로 무엇을 어디서부터 어떻게 개선해야 하는지에 대한 감은 없기 때문이다.

그래서 동학년 교사들이 모여서 고민하기 시작했다. 어떻게 그 팀을 도울 수 있을 것인가? 새로운 분위기로 2학기 팀 활동을 정비해나가기 위해 모든 팀의 지도교사와 팀 회의 장소를 바꾸는 결정을 내렸다. 해체 위기에 놓였던 화이팅팀 한 팀의 변화를 이끌어내기 위해 다른 팀들도 함께 변화를 주는 방법을 취한 것이다.

나 또한 잘 해낼 자신은 없었지만 기꺼이 나서서 화이팅팀의 지도교사를 해보기로 하였다. 동학년 선생님들께서는 내가 이 팀에 집중할 수 있도록 두 개의 팀만 지도하도록 배려해주셨다. 정해진 팀 회의 시간에 화장실에 안 가고 의자에 앉아 있기만 해도 성공적인 변화라는 격려의 말씀과 함께 성과 창출이 아닌 기본적인 회의 자세에 더 집중해야 한다는 중요한 사실도 명심하도록 해주셨다.

우여곡절을 겪었던 팀에게 최근 작은 변화가 보이기 시작했다. 첫 회의에서는 책상 모서리에 걸터앉아 수다를 늘어놓더니 두 번째 회의에서는 의자에 앉아 회의 주제를 말하기 시작한다.

이는 결코 그냥 일어난 변화가 아니다. 그들이 알아차리지 못하도록 교사는 미리 책상 배치 등의 회의 공간을 세팅하고 주위를 깨끗하게 정리하여 그들이 회의에만 집중할 수 있게 얼마나 공들였는지 모른다. 문만 보면 나가려고 하니 문 멀리 책상을 배치하고, 뒷문은 미리 잠그고 오늘은 앞문만 사용해보자고 부드럽게 권유하면서 말이다.

가끔은 화도 내고 호통도 쳤지만 칭찬과 격려로 마무리하기 위해 애썼다. 아이들이 잘하는 것을 스스로 찾도록 매 순간 도 닦는 마음으로 그들을 관찰하고 있다는 것을 그들은 알까? 모르면 어쩔 수 없지만.

학생의 자율성과 책임감을 신장시키기 위한 학년자치 팀프로젝트 활동 결과를 공유할 때 유념해야 할 점이 몇 가지 있다.

1. 중간 발표회와 같은 형식으로 지속적으로 활동 과정을 공유할 수 있는 자

리를 갖는다. 교사의 피드백을 받는 자리가 아닌 발표를 준비하면서 팀 스스로가 진행 과정을 점검하고 앞으로의 방향을 재설정할 수 있도록 해야 한다.

2. 팀 간에 프로젝트 진행 내용과 방법 등에 대해 질문하고 답변하는 과정을 통해 모든 팀들이 한 단계 성장할 수 있는 기회를 만들어야 한다.

3. 발표회는 공개적인 비난과 비판의 자리가 아니라 생각을 나누는 자리다. 책임감 있게 프로젝트를 진행해가는 팀의 노하우를 배우고 자기 팀에게 부족한 점이 무엇인지를 스스로 반성할 수 있어야 한다.

4. 또래 친구들의 생각과 말에 집중하는 과정에서 다양한 아이디어를 나눌 수 있도록 하기 위해 교사는 사회자 역할을 해야 한다. 즉, 교사는 심사자가 아닌 질문하고 진행하는 MC인 것이다.

학년 연계 프로젝트,
고소한 오일

"선생님들은 저희한테 허락도 안 받고 선생님들 마음대로 동생들과 하는 활동을 만드셨어요? 저는 동생이 귀찮단 말이에요."

사촌동생에 대한 좋지 않은 기억이 있는 시우가 왕짜증을 낸다. 교내 수업나눔 동아리 교사들이 학교라는 공간에 첫발을 내딛는 1학년 동생들의 학교 적응을 돕기 위해 5학년 형 누나들이 적극 나서는 학년자치활동과 연결한 동생 돌보기 프로젝트 '고소한 오일(고민하면서 소통하는 5학년과

1학년)'을 야심차게 준비하여 5학년 학생들에게 안내했더니 돌아온 비수였다.

선생님들은 동문으로서 가질 수 있는 공감대를 최대한 살려 동생들에게 적극적으로 다가가서 가르치는 과정에서 5학년들이 분명 성장해가는 기쁨과 즐거움을 맛볼 수 있을 것이라 확신했다. 그래서 입학식 축하해주기, 학교 소개해주기, 첫 급식 같이 먹기, 그림책 읽어주기 등을 1년 동안 꾸준히 도전해볼 수 있도록 계획했으나 학생들에게는 싫은 활동일 수 있으리라.

겉으로 표현하지 않았을 뿐 시우 외에도 동생 돌보기 프로젝트 활동이 못마땅한 친구들이 있었을 것이다. 이 과정을 충실하게 해나간다면 배움과 성장을 경험할 수 있는 유익한 활동이 될 것이라 설득도 하고, 교육과정 편성권은 교사에게 있다는 말로 시우를 달랬다. 학생이 짜증낼 때 교사 또한 감정적으로 대하면 문제 해결에 도움이 되지 않는다는 것을 알기 때문이다.

3월 첫날, 2교시부터 프로젝트가 시작되었다. 1학년 동생들의 입학을 축하해주기 위해 큰 소리로 축하 노래도 불러주고, 축하 편지를 써서 막대 사탕과 함께 건네주기도 했다.

동생 돌보기 프로젝트, 입학 축하 행사 참여

입학식이 열린 강당에서 낯선 1학년 교실까지 동생 손을 꼭 잡아서 안전하게 데려다주기도 하였다.

　동생들이 낯선 학교 공간에 대해 거부감 없이 알아갈 수 있도록 동생 눈높이에 맞춰 학교 곳곳을 설명해주고, 동생의 질문에 답해주는 개별 맞춤형 서비스도 제공해주었다. 방과 후 교실과 돌봄 교실에 참여해야 하는 동생에게는 꼭 기억해야 할 장소들을 스스로 찾아가는 미션을 내주고 혼자 해결해갈 수 있을 때까지 지켜봐주기도 했다.
　급식시간에는 동생과 나란히 손잡고 줄을 서서 배식을 받는 방법을 시범 보이고, 젓가락질하는 방법도 가르쳐주고, 종종 자신도 지키지 못하는 식사 예절들도 의젓하게 알려주었다.

동생 돌보기 프로젝트, 책 읽어주기

동생들에게 읽어줄 그림책을 선별하기 위해 국어 시간을 활용하여 좋은 책 선정 방법과 책 소개하는 법을 배워 그림책을 읽어주었다. 책을 읽고 남는 시간에 동생이 맞출 퀴즈도 만들고, 진행을 부드럽게 하기 위한 상품들도 준비했다. 분기별로 하다 보니 이제는 책 읽어주는 전문 도우미 역할을 해도 손색없을 정도로 실력이 향상되었다.

1학년과 5학년이 연계하여 1년간 꾸준히 실천한 활동은 다음과 같다. 입학 축하하기, 급식 도우미, 학교 둘러보기, 동생에게 책 읽어줄 준비하기, 분기별로 책 읽어주기(4회), 협력 운동회 참여하기, 후배가 선배에게 음식 대접하기, 선배가 후배와 함께 할 활동 기획하고 실천하기, 5학년 학생들이 학교사랑 동생사랑 팀프로젝트 활동 이끌기, 동생들 난타공

연 관람 후 격려해주기, 선배가 만든 샌드위치를 동생들에게 선물하기, 송편 만들기, 함께하는 책거리 활동 등이다.

이렇게 1년을 보낸 후 학년 초 버럭 짜증냈던 시우가 친구들 앞에서 활동 소감을 발표했다.

"내 사촌동생들이 하도 말을 안 들어서 모든 동생들이 다 그런 줄 알았어요. 그런데 내 짝 동생 두 명은 내 말도 잘 들어주고 많이 귀여웠어요. 내년 5학년들도 동생 돌보기를 해보면 좋겠어요!"

자치활동을 하다 학생이 짜증낼 때, 꼰대가 되어 학생에게 버럭 화를 하거나 토라져버리면 둘 다 손해이다. 나의 권위를 내려놓고 학생들의 배움과 성장을 위해 어르고 달래면서 한 계단씩 같이 올라가다 보면 화를 내지 않고 잘 넘긴 대가로 달콤한 피드백을 들을 수 있는 날이 반드시 온다는 것을 이제는 알고 있다.

- 처음부터 학생 스스로가 활동을 계획하여 실천하는 것은 무리이다. 학생 자치활동 또한 교육이 선행되어야 한다. 학생자치활동에 대해 알아가는

초기 단계에서는 학생들에게 다양한 자치활동 사례들을 통해 활동 방법을 알려주는 친절한 안내의 과정이 있어야 할 것이다.

- 초기에는 교사가 디자인한 활동들 안에서 학생들이 스스로 세부 프로그램을 기획하여 진행할 수 있도록 기회를 열어준다. 동생 책 읽어주기 프로그램을 예로 들어 설명한다면, 책 선정 방법과 책 읽는 방법은 교사가 주체가 되어 함께 알아가지만 어떤 책을 어떤 방법으로 읽어줄 것인지, 어떤 독후 활동을 할 것인지는 학생 스스로 결정할 수 있도록 한다.

- 동문으로서 가질 수 있는 공감대를 최대한 살려 처음에는 고학년이 저학년 동생들에게 적극적으로 다가가 주체적으로 가르칠 수 있도록 시간과 공간을 마련해준다. 가르침과 배움은 결국 하나이고, 가르치는 경험 속에서 자신의 내·외적인 변화를 스스로 발견하여 성장해갈 수 있도록 하는 데 목적을 둔다.

전 학년이 함께 풀어낸
놀이 공간 문제

"선생님들, 미세먼지로 인해 야외활동을 자제해야 하는데, 어떻게 하면 좋을지 교무실에서 함께 의논해봐야 하지 않을까요?"

올봄에는 유독 미세먼지가 심해 야외활동을 할 수 없는 날들이 연이어졌다. 학교에서는 이를 어떻게 해결하면 좋을지 교사들에게 물었다. 그러나 우리 학년에서는 교사가 아니라, 미세먼지로 인해 야외수업을 못하고 있을 뿐 아니라 놀 수 있는 공간 부족으로 고충을 겪는 당사자인 학생들에게 현 실태를 설명하고, 이를 해결하기 위한 방법을 묻는 자리를 마련해보았다.

"아침시간, 중간놀이시간, 점심시간에 각 반 교실을 개방하면 좋겠어요."

정민이가 낸 의견이 만장일치로 가결되었다. 잠시 후 화정이가 손을 든다.

"갑자기 생각났는데요. 그렇게 했을 때 물건을 잃어버릴 수 있지 않을까요?"
"그런 문제가 생기지 않도록 할 수 있는 방법이 없을까?"
"다른 반에 갔을 때 적어도 그 반 학생이 한 명이라도 있을 때만 들어가는 것으로 하면 어떨까요?
"친구의 물건을 만지지 않아요."
"교실에서 나갈 때는 서랍에 자신의 물건을 잘 넣고 나가면 어때요?"
"또 다른 생각, 다른 의견 더 없을까?"

몇 차례 반복해서 물었더니 서로를 의심하고 감시하는 내용에 관한 규칙에서 벗어나 더불어 함께 살아가기 위해 '너'가 아닌 바로 '내'가 지켜야 할 규칙들을 찾아내기 시작한다.

미세먼지로 인한 놀이 공간 부족 문제를 해결하기 위해 학급 간에 자유롭게 이동하여 쉬는 시간을 보낼 수 있도록 합의했을 뿐이다. 그런데 쉬는 시간에 3반 현준이가 2반 성훈이가 못 푼 수학 문제를 친절하게 설명해주고 있고, 4반 교실에서는 1반 학생들이 보드게임을 하고 있다.

- 문제에 직면한 당사자인 학생들에게 현상에 대한 정확한 사실과 정보를 전달해주고 문제를 해결해볼 수 있는 기회를 제공해보자.

- 문제 해결방법을 찾을 때, 학생들에게 "또 다른 생각, 다른 의견 더 없을까?"와 같은 질문을 계속하면서 학생들이 다양한 관점에서 문제를 접근하며 다양한 방법들을 생각해볼 시간을 주도록 한다. 생각할 시간이 충분히 주어졌을 때 학생들의 사고가 확장되는 것을 볼 수 있을 것이다.

- 학생들 스스로가 그들의 문제를 자발적으로 해결해볼 수 있는 기회가 늘어날수록 타인에게서 문제 해결방법을 찾는 것이 아닌, 바로 자신의 행동과 태도에서 방법을 찾아내는 것을 발견할 수 있을 것이다.

30명의 학생들이
회의를 한다면?

요즘 6학년 학생들은 술래잡기에 푹 빠져 있다. 학교의 모든 공간을 술래잡기놀이 영역에 넣어 30명 이상이 함께 놀이를 한다. 넓은 공간에서 그 많은 수의 학생들이 함께 술래잡기놀이를 한다는 것이 현실적으로 가능할까 궁금해서 한 친구에게 살짝 물었다.

"매번 잡고 잡힐 텐데 누가 술래인지 어떻게 알 수 있어?"
"서로가 보이는 거리가 되면 마주친 친구에게 술래면 크게 동그라미를, 아닌 경우는 크게 엑스 표시를 해줘요!"

"그 규칙은 어떻게 만들어졌어?"

"저희가 작년부터 그렇게 하기로 했어요. 규칙을 안 지키면 놀이에 안 끼워줘요."

화창한 어느 점심시간, 급식 후 모처럼 동학년 선생님들과 운동장 산책을 했다. 가는 날이 장날이라더니 딱 걸렸다. 실내화를 신고 운동장을 활보하며 잡고 잡히는 추격전을 벌이는 학생 몇 명이 레이더에 포착된 것이다.

"술래잡기하는 친구들, 전부 2반으로 모여라!"

굵고 짧은 소리가 운동장에 울려 퍼진다. 2반이 상징하는 의미는 회의가 곧 시작될 것이란 뜻이다. '피리 부는 사나이'에 나오는 한 장면처럼 술래잡기놀이를 하던 친구들이 한 명, 두 명, 세 명, 열 명, 스무 명, 서른 명이 교사의 뒤를 따라 2반 교실로 들어간다. 뒤늦게 이 사실을 안 친구들도 속속들이 합류한다.

"회의 시작해라! 오늘은 누가 사회자 할래?"

친구들이 정인이를 추천한다.

"회의 내용 기록은 누가 할까?"

학년 소모임 기록자인 찬이가 추천된다.

"문제가 무엇인지 정의 내리고, 문제의 원인을 찾아 그 원
인들을 없애기 위한 방법을 찾는 순서로 진행해볼까?"
"선생님, 저희들이 한 일에 대해 어떻게 책임질 것인지도 회
의해야지요?"
"그럼!"
"선생님, 각자의 다짐도 생각해야지요?"
"좋지!"

평소 팀프로젝트 해결 진행 과정에 익숙해선지 개인의 다
짐까지도 먼저 제안해주는 학생이 있어서 감사할 따름이다.

"오늘 점심시간 학년 규칙을 어기고 실내화를 신고 운동장
에서 술래잡기놀이를 한 친구들이 있었습니다."

땀범벅이 된 아이들 30여 명이 옹기종기 모여서 엄숙한
자세로 회의를 시작하는 것이 쉬운 일이 아니다. 쉽게 될
것이라 결코 기대해서는 안 된다. 교사의 인내와 기다림이
필요하다. 학생들의 성숙을 만들어낼 수 있는 절호의 기회

가 서서히 열리고 있음을 알아차리고 기뻐해야 할 타이밍이다. 조급함은 금물이다. 이 상황을 즐길 수 있는 교사에게 진정한 스승이 될 수 있는 자격이 주어질 것이다. 이러한 큰 뜻을 품고 굵고 강하게 한마디를 더 내뱉는다.

"오늘 회의가 마무리 되지 않으면 내일 점심시간에 이어서 하자!"

"야! 집중해! 조용! 조용!" 몇몇 친구들이 다급한 목소리로 말하지만 회의할 분위기를 만든다는 것이 그리 쉬운 일인가? 수업 시작하기 5분 전임을 알리는 예비 종이 울린다.

"내일 급식 후 몇 시까지 모이면 좋을까?"
"1시요."
"회의 마무리가 안 되면 그 다음 날까지 이어가야 하는데 15분 동안 회의가 가능하겠니?"
"12시 50분이 좋겠어요."
"내일 급식 후 12시 50분에 모이자. 모임 시간이 늦어지면 시간이 지켜질 수 있게 우리가 함께 노력할 일을 먼저 이야기 나누고 술래잡기 관련 회의로 들어가자. 각자 교실로!"

다음 날 12시 50분, 옹기종기 모여 회의에 참여한 친구들은 술래잡기 규칙 세 가지를 만들어낸다.

> 첫째, 신발 신고 운동장을 밟자!
> 둘째, 실내화 신고는 보도블록과 실내를 밟자!
> 셋째, 술래잡기 안 한 학생들이 피해를 볼 수 있으니 복도에서 뛰지 말자!

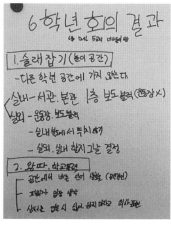

30명의 학생이 함께 만들어낸 술래잡기 규칙

복도에서 뛰지 말자는 새로운 술래잡기 규칙까지 합의해낸 친구들에게 엄지 척 인사를 건넨다. 각자 오늘의 규칙을 다짐과 함께 종이에 기록하고, 기록자인 찬이는 큰 종이에 회의 내용을 정리하여 학년 자치판에 붙인다. 교사는 오늘도 학생들을 통해 인내와 기다림이 만들어낸 아름다움을 또 한 번 경험했다.

회의가 정해진 시간 안에 효율적으로 이루어지기 위해서는 회의 진행 규칙이 필요하다. 회의를 시작하기 전, 그 회의 시간 내에 지켜야 할 간단한 그라운드 룰을 만들면 회의의 효과가 커진다. 이 또한 교사가 일방적으로 정하기보다는 다음과 같은 방식으로 학생들에게 물어서 정했을 때 효과적이다. 주의집중 구호를 정하는 방법을 간단히 소개해보면 다음과 같다.

"오늘 회의하는 동안 우리가 힘을 모으기 위해 외치는 구호를 함께 정해보면 어떨까? 선생님이 '○○초' 하고 먼저 외쳐볼게요. 그럼 여러분은 어떻게 하고 싶어요?"

"저희는 '등학교' 할게요!"

"○○초!"

"등학교!"

"선생님, 저희 박수도 칠래요."

"몇 번 치면 좋을까?"

"다섯 번이요."

"한번 해볼까?"

"○○초!"

"등학교!"(짝짝 짝짝짝!)

5학년과 6학년이
싸웠어요

"5학년과 6학년 사이에 다툼이 있는 것 같은데 가볼래요?"

중간놀이시간, 평소 학생자치로 갈등문제 해결을 즐기는
나에 대해 잘 알고 계신 선배님께서 기량을 발휘할 고급 정
보를 살짝 흘려주신다. 그늘진 피구 공간을 두고 5학년과
6학년이 다툼이 있는 듯했다. 말씀하신 곳으로 천천히 발길
을 옮겼다.

잘못된 정보였나? 5학년과 6학년이 어울려 평화롭게 피

구를 하고 있는 것이 아닌가? 막 교실로 돌아가려고 발길을 돌린 순간, 피구 라인 바깥쪽 한 귀퉁이에서 눈물을 글썽이며 씩씩거리고 있는 5학년 학생이 눈에 들어온다.

"무슨 일 있니?"

학생에게 다정하게 물었다. 억울함에 씩씩거리면서 설명한 내용인즉, 5학년 네 명이 피구를 즐겁게 하고 있는데 수업이 늦게 끝난 6학년이 같이 놀자며 여러 명이 놀이에 끼어들었다고 한다. 6학년의 제안에 5학년 중 세 명은 찬성했지만 자기는 싫다고 했는데도 자기 의견을 무시하고 6학년이 피구놀이에 합류해버렸다는 것이다.

"얘들아! 선생님이 하고 싶은 말이 있는데, 잠깐 이야기 좀 해도 될까?"

긴장감 있게 진행되던 경기를 멈추고 집중해주는 학생들이 고마웠다.

"오해가 생긴 것 같아. 잠깐 지금 서 있는 자리에서 잠시 앉아서 몇 마디만 들어줄 수 있겠니?"

일어서서 이야기를 나눌 때와 앉아서 나눌 때 생기는 차분함과 집중도 차이를 여러 차례 경험해본지라 모두가 앉도록 권한 것이다. 나 또한 학생들 눈높이에 맞춰 같이 앉았다. 내가 현재까지 이해하고 있는 상황을 간단히 설명했다.

"얘들아, 이 상황에서 과연 누가 약자일까?"

"선생님, 당연히 우리가 약자죠. 좋은 말로 같이 놀자고 했는데, 저 아이가 일방적으로 우리들에게 욕을 하면서 꺼지라 했어요. 욕까지 들은 우리가 당연히 약자지요."

내가 모르고 있던 한 가지 상황이 더 있었구나.

"6학년! 욕하기 전 상황으로 잠깐 거슬러 가보자! 이 친구가 싫다는 반응을 했는데도 6학년 형들 20~30명이 몰려왔을 때 5학년 동생이 어떤 느낌이 들었을까? 우리는 어떤 사람을 약자라고 할 수 있을까? 우리보다는 저학년이고 소수인 동생들을 약자라고 할 수는 없을까? 동생들이 먼저 놀고 있었으니, 우리가 이번만큼은 양보하는 게 어때?"

조심스러운 제안인 듯 보이지만 사실은 간곡한 부탁이었다. 과연 '약자'라는 개념 하나로 쉽게 이 문제가 해결될까 살짝 의문이 들던 찰나, 6학년들이 잠깐 뜸을 들이더니 몇몇

이 "알겠어요!" 답해주는 것이 아닌가? 한두 명이 동의하자 곧이어 고개를 끄덕이는 6학년들이 확 늘어났다.

'약자에 대한 배려'가 문제를 해결하는 기준이 된 이 경우처럼 평소 다양한 문제를 해결할 때 수업 중 학습한 내용들을 상황별 문제 해결 기준으로 가져와 지도하는 것이 삶과 교육이 연결되는 경험을 학생들이 직접 해볼 수 있는 기회가 된다.

"그런데 선생님, 선생님 말씀이 머리로는 이해는 되는데요, 왠지 억울해서 기분이 우울해요. 맛있는 거라도 한 개씩 주시면 안 돼요? 기분이 우울할 때는 단것을 먹어야 할 것 같아요."

현이가 능청스럽게 제안한다. "맞아요!" 다른 학생들도 현이 말에 맞장구를 친다.

"당연! 그래야지!"

머리로는 약자를 이해했지만, 왠지 모르게 우울하다는 6학년 아이들의 마음을 달달한 사탕으로 달래며 5학년 동생들과 함께 웃었다.

- 회의를 할 때 공간을 어떻게 디자인할 것인가?
- 어떻게 했을 때 서로의 눈과 표정을 바라보며 이야기할 수 있을까?
- 원 모양으로 둘러앉을 것인가? 칠판을 향해 앉을 것인가?
- 의견을 말할 때, 학생들은 서서 하는 것과 앉아서 하는 것 중 어떤 것을 선호할까?
- 교사도 학생들과 함께 앉아서 이야기할까? 교사만 서는 것이 좋을까?
- 설득할 것인가? 부탁할 것인가?

학기말,
학생 교육과정 평가회

"학기말이어선지 학생들이 들떠 있어 힘드네요. 처음으로
학교 오기 싫다는 생각을 했어요."
"저도 그래요. 요즘 입맛도 없어요."
"신경을 많이 써서 일까요? 기침이 낫질 않아요."

한 학기 동안 열정을 보이시던 선생님들께서 방학을 앞
두고 힘들어하신다. 학기말 학급 규칙을 어기는 학생 생활
지도의 어려움을 토로하신다. 무엇이 학생들을 달라지게 한
것일까? 과연 방학을 앞두고 들뜬 마음이 진짜 원인일까?

이대로 방학 전까지 보낼 수는 없다. 분명 무언가 해결방법을 찾아야 한다.

'학년 다모임을 통해 학년 초에 함께 만들었던 학년 규칙을 다시 한번 상기시켜볼까? 지금 시기에 다모임을 열어 학년 규칙 실천 여부를 점검하는 것이 과연 효과적일까? 실천 여부에 집중하다 보면 분명 학생들과 교사 사이에 듣기 싫은 말들이 오갈 것이고, 그러다 보면 자칫 득보다 실이 많을 수도 있지 않을까? 그렇다면 다모임의 형식을 취하되 내용을 달리해보면 어떨까?'

고민 끝에 '학생 교육과정 돌아보기'를 생각해냈다. 어제까지 교사들도 1학기 교육활동을 돌아보고 2학기를 설계하는 '교육과정 돌아보기'를 이틀 동안 운영하였다. 학생들에게도 이러한 자리를 마련해주면 어떤 장면이 펼쳐질까? 모두가 한자리에 모여 1학기를 돌아볼 수 있는 시간을 가진다? 상상만 해도 기대된다.

1학기를 마무리하는 시점에서 자신의 행동을 다시 한번 올곧게 세우는 역할까지 해낼 수 있지 않을까? 한 학기 동안 자신의 학교생활을 돌아보며 잘한 일이나 칭찬할 점, 실천이 안 되어 앞으로도 계속 노력해야 할 점을 진술하게 나

뒤보고 2학기에 함께 해보고 싶은 활동들까지 계획하는 '학생 교육과정 돌아보기'에 도전해보자!

한 주가 마무리되는 금요일 3~4교시, 70여 명의 학생들이 한자리에 모였다. 대화는 '배움과 성장, 공동체의 가치'를 추구하는 학교 철학을 담은, 우리 학년의 교육목표를 학생들이 명확하게 이해하고 있는지에 대한 질문으로 시작되었다.

"너희에게 배운다는 것이 무엇이니? 우리는 무엇을 배우는 것일까?"
"우리가 성장했다는 것을 어떻게 증명해 보일 수 있을까?"
"우리는 왜 공동체를 이뤄서 살아가고 있는 것일까?"

이 물음들이 '학교란 무엇인가?'를 이해하기 위한 하위 질문이라는 것을 학생들은 알까? 우리가 이곳에서 함께 웃고 울면서 부대끼며 살아가야 하는 이유들을 스스로 찾아보는 것이 우리가 하고 있는 모든 교육활동의 본질임을 알려주고 싶은 선생님의 마음을 느낄까?

"우리가 해온 활동 중, '배움과 성장, 공동체'의 가치를 잘 나타낸 학년 활동에는 무엇이 있었을까?"
"상바시 팀프로젝트 활동이요."

어느덧 학생들에게 일상이 되어가고 있는 팀프로젝트 활동을 바로 1순위로 뽑았다. 학년자치 프로그램인 상바시 팀프로젝트 활동이 하기 싫어서 힘들어했던 친구들에게 팀프로젝트 활동을 통해 우리가 궁극적으로 기르고자 하는 바가 무엇인지 상기해볼 수 있는 중요한 질문이 된 듯하다. 다음 주에 있을 방학 전 중간 발표회 준비에 더 적극적으로 참여하겠다는 다짐도 해본다.

드디어 본론으로 들어간다. 70명의 학생들이 마이크를 돌려가며 우리가 한 학기 동안 잘한 일을 자랑스러운 마음으로 한마디씩 발표한다. 앞으로 진지하게 나눠야 할 문제들이 가득 기다리고 있기 때문에 먼저 기분 좋은 대화로 시작한다는 의도된 흐름을 밟아가고 있는 것을 학생들은 눈치채지 못했다.

학생 교육과정 평가회에서 나의 생각 발표하기

한 학기 동안 그들이 해내려고 노력했던 점들을 진심을 담아 칭찬한다. 눈에 보이는 좋은 결과를 칭찬하는 것이 아니다. 학교 폭력 없이 친구들과 안전하게 한 학기를 마무리한 소소한 일상의 소중함을 일깨워주고자 했다. 그리고 잘 안 되고 있는 몇 가지만 해결해낸다면 더욱 성장할 수 있는 존재가 바로 우리들임을 강조해서 말한다.

"그럼, 이번에는 우리가 잘 안 되고 있는 것들에 대해서 이야기 나눠볼까?"

"습관적으로 비속어나 욕설을 사용하고 있어요."

"화장실 휴지통에 휴지를 정확하게 넣지 않아서 화장실을 더럽게 하고 있어요."

"실내화를 신고 운동장에 나갈 때가 있어요."

"핸드폰 사용 규칙을 어길 때가 있어요."

"교담 시간에 떠들어요."

"먹을 것을 가지고 와서 먹고 아무 데나 쓰레기를 버려요."

학생들이 그들의 문제를 스스로 찾아낼 때마다 선생님들께서 놀라워하신다. 교사가 지도하기 힘들어했던 문제의 원인을 학생들이 스스로 하나씩 찾아낼 때마다 선생님들의 표정이 밝아진다. 교사가 지도해야 할 힘든 상황들을 학생들도 냉철하게 잘 알고 있음을 눈으로 확인한 것만으로도 위로를 받는다. 한편으로는 학생들과 이렇게 진지하게 대화를 나눌 시간을 좀 더 여유를 갖고 만들지 못했던 것에 대한 미안함과 안타까움도 밀려왔다.

"그럼, 하나씩 문제 원인을 찾고 원인을 없애거나 문제점들을 줄여나갈 수 있는 방법들에 대해 이야기해보자."
"화장실 휴지통 밖으로 휴지를 무심코 버리는 친구가 있으면 옆에서 말해줘요."

화장실이 깨끗하게 사용이 안 될 경우에는 당사자인 여학생들끼리 지속적으로 화장실 사용 규칙 만들어갈 수 있도록 선생님이 적극 돕겠다고 덧붙인다.

"실내화를 신고 운동장에 나가면 일정 기간을 정해서 중간 놀이시간 운동장 출입을 금지해요."
"정해진 핸드폰 사용 규칙을 어기면 아침에 등교해서 선생님께 핸드폰을 드리고 하교할 때 가져가는 것으로 해요. 절제가 안 될 경우 부모님께도 말씀드려서 도움을 받도록 해요."
"모든 사람에게 공정하게 대해야 하니 교담 시간에도 담임선생님과 하는 것처럼 예의를 지켜서 수업해요."
"먹을 것을 가지고 와서 아무 데나 쓰레기를 버리는 친구

문제가 생기면 수시로 열리는 다모임

들의 요구사항을 반영해서 하교 후 학원 이동으로 배가 고픈
학생들은 아침에 이름 써진 지퍼백에 간식을 넣어 선생님께
제출하고 하교 후 교실에서 먹고 학원을 가요."

학생들은 그들 스스로가 문제 원인을 찾고, 이를 해결하
기 위한 방법들을 하나둘 세워나간다. 마치 그들을 지켜줄
수 있는 튼튼한 안전장치와 보호망을 만들어가는 느낌이다.

하루를 돌아보는 오후 시간, 동학년 선생님들과 교재연구
실에서 차 한 잔의 여유를 갖는다. 오늘의 하이라이트였던
학생 교육과정 평가회에 대한 폭풍 성찰들이 쏟아진다.

"우리와 나를 구분하여, 우리가 잘한 일과 내가 잘한 일을 관련지어서 생각해볼 수 있도록 한 것이 좋았어요. 조화로운 우리가 되기 위해서 무엇보다 '내'가 해야 하는 역할이 중요하다는 것을 간접적으로 깨닫게 해줄 수 있는 시간이 된 듯해요."

"다모임하고 와서 5~6교시 학생들 수업 태도가 좋아진 것 같아요. 분명 학생들의 눈빛이 달라졌어요."

"우리 아이들이 스스로 자신들의 문제를 정확하게 찾고 해결해나가는 모습이 감동적이었어요. 그동안 내가 규칙을 어긴 몇몇 소수의 학생들만 바라보고 있어서 힘들었구나 싶더라고요. 다수가 이렇게 잘 해오고 있다는 사실을 까맣게 잊고 오로지 몇 명만 바라보며 힘들어했던 저를 만났어요."

"저는 저희 반 학생들이 주체적으로 뭔가를 해보겠다는 의욕을 보여준 것을 보고 깜짝 놀랐어요. 그동안 내가 학생들에게 생각을 물어보지도 않고 들어주지도 않아서 표현하지 못했던 것은 아니었을까 반성을 했네요."

그래! 언제 어디서든 문제는 일어날 수 있어. 그럴 땐 걱정하거나 두려워하지만 말고 오늘처럼 과감하게 도전해보는 거야! 단, 최대한 학생들의 입장에 가까이 다가가려고 발버둥 치면서 말이야!

- 단순하게 의사를 결정하는 안건에 대해서는 학생이 사회를 보도록 함으로써 회의 진행 기술을 익힐 수 있는 기회를 주도록 한다. 그러나 학생 교육 과정 평가회와 같이 다양한 각도에서 문제의 원인을 찾고 해결방법을 찾아가는 과정에서는 교사가 진행하는 것이 효율적이다.
- 원활한 진행을 위해 마이크를 사용한다.
- 사소한 듯 보이지만 칭찬으로 시작하는 것이 중요하다. 학생이 소소한 것들을 발견하고 강화하는 과정에서 자신감을 가지고 문제들을 바라보며 적극적인 자세로 해결해내려는 의욕을 고취시킬 수 있기 때문이다.
- 학생들이 그동안 잘 실천해오고 있는 점은 간단하게라도 전원이 한 마디씩 발표할 수 있도록 하여 자존감을 높여주고 의욕적으로 임할 수 있는 분위기를 형성하도록 한다.
- 학생들이 잘 실천하지 못하고 있는 것은 전원이 발표하기보다는 희망자 순으로 문제를 찾도록 한다. 단, 찾아낸 문제에 대해서는 함께 원인을 탐구하고 원인을 없애거나 줄이기 위한 방안을 토의할 수 있도록 진행한다.
- 회의 시간을 계획하기 위해 먼저 생각나는 문제들을 열거한 후 경중을 따지고 관련성을 살펴 쉽게 해결방법을 찾을 수 있는 것부터 처리한다.
- 문제별로 원인 탐구 및 해결방안을 토의하는 것이 운영의 효율성을 높여준다.
- 학생 개개인이 스스로 방법들을 찾아볼 수 있도록 생각할 시간을 가진 후 이야기를 나누면 다양한 방법들이 나온다.
- 생각을 정리할 수 있는 학습지 형태의 자료를 만들어서 학생의 몰입도를 높일 수 있도록 한다.

6학년이 학생들을
인터뷰한 이유

매주 월요일 중간놀이시간, 2반 교실에는 6학년 학생 14명
이 모인다. 이들은 학년과 학교를 변화시키기 위해 자신의
시간을 투자해보겠다고 결심한 친구들이다.

3월부터 5월 초까지 이들에게 모임 전 미션이 주어졌다.
한 주에 한 학년씩 돌아가며 학생들에게 간단히 자기를 소개
하고 생활하는 데 불편한 점을 묻고 답변을 적어오는 것이다.

인터뷰 방법을 서로 협의할 시간을 충분히 주었더니 학교
를 오래 다닌 6학년부터 시작해 입학한 지 얼마 안 되어 학

교에 대해 모를 수 있는 1학년은 가장 늦게 물어보겠다고 결정을 내린다.

학년별로 다섯 명을 인터뷰했더니 답변자가 중복이 된다며 "선생님, 학년별 학생 수를 알려면 어디 가서 알아볼 수 있죠?" 묻고는 교무실 현황판을 데이터로 삼아 세 명으로 줄이자고 제안한다.

선생님 인터뷰하려면 등교를 빨리해서 아침시간에 여쭤봐야 자세한 이야기를 들을 수 있다며 서로 정보를 주기도 하고, 인터뷰할 때 갑자기 다가가면 동생들이 놀라니 꼭 인사를 하고 싱글벙글 웃어야 한다며 농담도 주고받는다.

"최근 리모델링해 좋아진 화장실을 사용한 4학년을 마냥 부러워만 했는데 교실 방송 관련해서는 불편한 것이 있었구나."

"우리 학년이 노는 쉬는 시간에 수업하는 학년이 수업에 방해를 받고 있구나."

"우리 학교에 피구할 공간이 더 있으면 좋겠구나."

"강당 이용 규칙이 잘 안 지켜지고 있구나."

"선생님들도 학생들처럼 불편한 점들이 있구나."

"화장실에 들어갔을 때 갑자기 음악이 나와 깜짝 놀라는 동생들이 있구나."

"시간이 지나면 자동으로 화장실 불이 꺼지니 어두워서 불편할 때가 있구나."

인터뷰한 내용을 공유하는 아이들

　조사 내용을 보면서 서로 소감을 나누는 모습이 무척 아름다워 보인다. 같은 시간대에 같은 공간을 함께 살아간 자들만이 공유할 수 있는 추억들이 모여 한 편의 영화로 엮이는 듯하다.

　학생들은 알까? 지도교사는 학교를 바꾸기 위해서가 아닌, 사람에게 관심을 갖는 것이 함께 살아가는 데 있어서 모든 것의 근본이라는 것을 알려주고 싶어서 인터뷰 활동을 계획했다는 것을.

동아리 활동 내용과 방법 또한 학생들이 스스로 아이디어를 내서 결정하면 좋겠지만 시작 단계에서부터 계획해보라고 하면 힘들어한다. 학생자치활동도 '교육'이 먼저 이뤄져야 한다. 시작 단계에서 핵심이 되어야 할 교육 내용은 '어느 한 쪽이 옳고 틀리고가 아닌 우리는 서로 다르다'는 것을 인정하는 것이 소통의 핵심이라는 것을 빠르게 알아차릴 수 있도록 하는 것이다. 학생인권에 대한 이해가 깊어지면 학생자치활동이 자연스럽게 엮어지는 것처럼 말이다.

대한민국
어린이국회 동아리

"준우야, 내일 엄마랑 서울 잘 다녀와. 이 돈으로 엄마 좋아하시는 커피 사드리고, 너도 아이스크림 사 먹어. 월요일에 친구들에게 다녀온 이야기 해줄 수 있지?"

내일은 제15회 대한민국 어린이국회가 열리는 날이다. 지도교사인 내가 함께 갔으면 좋았으련만, 학교 사정상 준우는 엄마와 함께 국회의사당에 다녀오기로 했다.

몇 년 전, 학교대표 학생과 함께 국회의사당에 다녀온 기억이 떠오른다. 학년 초, 6학년 학생만 가능하여 6학년 중 희망 학생을 모집하여 대한민국 어린이국회 동아리를 꾸렸다. 동아리 부원들은 쉬는 시간마다 이곳저곳을 찾아다니며 만나게 되는 사람마다 계속해서 질문을 건넸다.

"동생아, 학교생활하는 데 불편한 점 없니?"
"친구야, 뭔지는 정확하게 말할 수는 없지만 이건 아닌데 하는 것 없어?"
"선생님, 이것이 이렇게 바뀌면 생활하는 데 좋겠다고 생각되시는 것 없으세요?"

드디어 우리 친구들은 학교 구성원들이 가장 불편해하고 있는 것이 신발장이라는 사실을 발견해냈다. 각 반 교실 복도에 위치한 신발장은 비오는 날 양말을 젖게 만들었고, 더러운 양말은 교실에 쾌쾌한 냄새를 만드는 데 일등공신이 되었던 것이다. 게다가 점심시간에 몇 분이라도 더 축구하기 위해 신발을 가지러 교실까지 오르락내리락하다 넘어져 다리에 깁스를 하게 된 친구들도 있다는 사실까지 알게 되었다.

그럼, 이 문제를 어떻게 해결할 수 있을까? 각 반 신발장을 1층으로 내리는 것이 현실적으로 가능한 일인가? 여유 예산이 있어야 하는데 시기적으로 그 해는 불가능하다는 결론이 내려졌다. 그렇다면 대한민국의 많은 학교 학생들이 우리처럼 불편함을 겪고 있을 신발장 문제에 관한 안건을 발의해볼 수 있는 좋은 기회를 여기에서 멈춰야 하는 것일까?

발의안 제출 하루 전날, 출근길에 교문 앞 쓰레기를 줍고 계시던 교장선생님을 만났다. 교장선생님과 동아리 활동 관련한 이야기를 나누다 최근 내가 가지고 있는 고민에 대해 가볍게 말씀드렸다.

"아이들이 노력해서 꼭 해결해야 할 문제를 잘 찾았는데, 아쉽네. 좋은 방법이 없을까? 잠깐, 혹시 '신설학교'라는 단어를 앞에 붙이면 어떨까?"

"헉! 왜 그 생각을 못 했을까요? 지금 당장 우리가 직접적으로 혜택을 받지 못하지만 후배들에게는 우리가 지금 겪고 있는 불편함을 느끼지 않도록 하는 마음을 담아낼 수 있다는 것을요. 발의안으로 엮어 제출해야 한다는 부담감 때문에 제일 중요한 동아리 활동을 시작하게 되었던 목적을 잊어버리고 있었네요."

그야말로 유레카의 기쁨을 제대로 맛보는 순간이었다. 그 해 우리는 '신설학교 안전 신발장 1층 출입구 설치에 대한 법률안'을 대한민국 어린이국회에 제출하여 우수 법률안으

로 채택되어 교육부장관상과 상금까지 받는 보람과 기쁨을
동시에 누릴 수 있었다.

작년 5월 어느 날, 그 시절 결정적인 아이디어를 주셨던
교장선생님께서 전화를 주셨다.

"김 부장! 우리 학교에 어린이국회 동아리를 만들어볼까
하는데 조언해주고 싶은 말 없는가?"
"교장선생님, 기억나세요? 신설학교라는 말이 우리에게 준
선물을요. 만약 저희가 당장 눈앞의 상에만 집중했다면 좋은
결과를 얻을 수 없었을 거예요. 저는 그 일로 동아리 활동을
기획하는 관점이 크게 바뀌었어요.
학생들에게 그때 우리가 겪었던 이야기를 들려주곤 해요.
공공성 실현에 목적을 두고 나와 가까운 이웃을 넘어선 더
많은 사람들에게 최종적으로 이로운 방향을 찾으려는 시도
의 중요성을요. 그래야 더 빠르고 직접적으로 우리의 삶을
바꿀 수 있는 아이디어가 떠오르고 실천 의지를 다질 수 있
는 마음의 근육도 생긴다는 사실도 함께요."
"맞네. 자네 말이 맞네. 몇 년 지나니 잊어버렸네. 꼭 그 말
을 동아리 담당 선생님한테 말해줘야겠네."

교장선생님이 웃으며 말씀하신다. 문득 5년 전, 서울 가던

기차 안에서 "저희 담임선생님께서 선생님 고생하신다고 선생님 좋아하는 커피도 사드리고 저도 아이스크림 사 먹으라고 만 원 주셨어요. 제가 선생님 커피 사드릴게요." 했던 동아리 대표 학생의 표정과 목소리가 떠오른다.

　　자치활동을 진행하다 발생하는 여러 고민거리들을 주변 동료 교사들과 의논하는 것은 중요하다. 자치활동은 결국 모두가 함께 협력해서 공통된 목표를 이뤄가는 과정이자 방법이기 때문이다. 자치 담당 교사는 많은 학생들과 여러 교사 사이에서 서로에 대한 정보를 끊임없이 전하는 통로의 역할을 하면서 서로에게 관심을 가져갈 수 있도록 도와야 하지 않을까?

4

전교학생자치회,
새롭게 바꿔봐요

대화와 타협

학생자치역량 강화 워크숍 내용과 방법
학생자치회의 진행법
학생 동아리 운영 방법
효과적인 캠페인 활동

학생자치 업무는
누가 맡아야 할까

"저는 학교에 오면 두 개 반을 담임하고 있는 것 같아요."

새내기 후배 선생님이 말씀하신다. 담임 업무만으로도 벅차데 거기에 학생자치 업무까지 맡다 보니 부담감이 이루 말할 수 없이 크단다. 저학년 담임을 하면서 학생자치 업무까지 하니 학급 학생들이 안전하게 하교하기 전까지는 자치회 학생들과 활동한다는 것은 생각도 할 수 없는 일이라고.

무엇보다 자치회 학생들이 함께 모여야 중심 활동이라도 계획해볼 텐데, 하교 후에는 학원을 가야 한다며 오질 않는

단다. 설상가상으로 교장선생님께서는 학생자치활동이 활성화되길 간절히 바라시는 눈치다. 새내기 선생님은 올해가 빨리 지나가길 학수고대하고 있다.

　내가 생활부장을 하면서 학생자치활동에 관심을 갖기 시작한 것은 교직 경력 15년 차일 때다. 다년간의 부장 경력 덕분인지 학교에서 이루어지고 있는 교육활동들을 학생자치활동으로 엮어낼 아이디어들이 떠오른다. 그동안 관심을 갖지 않았던 학교 교육활동들이 눈에 들어오기 시작한다.
　우리 반 학생뿐 아니라 다른 반 학생들의 움직임까지 눈에 들어온다. 교문 앞에서 캠페인 활동이 있던 어느 날은 등교하는 학생들 모두가 내 반 학생들처럼 사랑스러워 보인다. 출근하시는 우리 학교 선생님들 모두가 행복했으면 하는 바람도 생긴다. 학부모들도 더 이상 손님이 아닌 학교의 조력자로 느껴진다.

　이러한 변화가 가능했던 이유는 간단하다. 학생자치활동에 관심을 갖고 학생들에게 학교의 주인이 되기 위한 자세를 힘주어 말하다 보니 나 또한 주인으로 살지 않을 수 없었던 것이다. 주인의식이 커진 만큼 자발적으로 짊어진 책임감 또한 그 높이만큼 자란 것 같다.
　다년간 담임교사로서 역할과 다양한 업무를 기획·추진했

던 경험으로 쌓아온 노하우가 있었기에 학생자치라는 프레임으로 교육활동을 재구성하는 것이 가능하지 않았나 싶다.

학생자치활동 활성화 방안에 대해 현장 연구와 실천을 해오면서 조직 업무분장 시 제안하고 싶은 것이 있다. 교육자치와 학교민주주의를 말하는 시점에서 '학생자치 업무'는 더 이상 학생회장을 뽑고 한 달에 한 번 전교어린이회를 진행하는 것이 아니다.

학생자치는 학교에서 이루어지고 있는 다양한 교육활동들의 관련성과 흐름을 읽어내고 학생들과의 적극적인 소통을 통해 각 학교의 특성에 맞는 활동들로 창의적으로 엮어내는 업무로 이해되어야 한다. 현 교육 흐름에서 요구하고 있는 '학생자치문화 활성화' 맵을 디자인하는 '학생자치 업무'가 저경력 교사에게 버거운 업무인 것은 이 때문이다.

학교자치 업무는 생활 관련 부서에 속한 작은 계의 활동이 아니다. 학생자치활동이 활성화되길 바란다면 저경력 교사에게 업무를 떠넘겨서는 안 된다. 생활부장 또는 학생자치부장, 아니면 교무부장이 학교 교육과정과 교사 업무분장과 연계를 잘 살펴 학교경영 철학의 하나로 전체적인 틀을 잡고 운영해야 학생자치활동이 제대로 꽃을 피울 수 있다.

리더는 아무나 하는 것이
아닌 것 같아요

학생자치를 실천한다고 해서 아이들에게 무조건 맡기라는 것이 아니다. 학생자치도 교육이 필요하다. 그래서 학기 초에 학생자치역량 강화 워크숍을 통해 학생들이 학생자치에 대한 기본적인 내용을 이해할 수 있도록 돕고 있다. 워크숍을 통해 리더의 자세를 배우고, 팀을 운영하는 방법과 회의 진행 기술을 익혀 학생자치회의 기틀을 다질 수 있도록 하였다.

"우리는 어떤 사람을 보고 리더라고 할까?"

아이들이 쓴 '내가 생각하는 리더'

모둠별로 4절지에 '리더' 하면 떠오르는 단어들을 브레인 스토밍하여 적어보도록 한다. 모둠 친구들이 쓴 내용을 보고 연상되는 단어도 적어본다.

"여러분처럼 선생님도 떠오르는 것을 적어보았어요. 선생님의 생각을 들어볼래요?"

오랜 시간 '리더의 자세'에 대해 고민한 나의 생각과 학생들의 생각을 비교해볼 수 있도록 하였다. 학생들의 이해를 돕기 위해 사진과 영상 자료를 활용하여 스토리텔링 형식으로 리더에 다가갈 수 있는 자세를 무려 여섯 가지나 열정적으로 소개했다.

"이런 리더. 멋지지 않니? 리더에 도전해보고 싶은 친구?"

헉! 겨우 세 명만이 손을 든다. 이게 어찌 된 일인 것인가?

"왜 다른 친구들은 손을 안 들어?"

"선생님 말씀을 들으니 리더는 아무나 하는 게 아닌 것 같아요. 너무 힘들 것 같아요."

아뿔싸! 또 내가 과했군, 과했어! 과유불급을 제대로 경험한다. 가끔은 적절한 때에 멈출 줄도 알아야 하는데 말이다. 그래도 학생자치역량 강화 워크숍 후 학생들이 성찰한 내용을 보니 안심이 된다.

"그동안 리더라는 말을 자주 들어봐서 리더에 대해 잘 알고 있다고 생각했는데, 잘 모른다는 것을 알았어요. 이 자리에 있다고 모두가 리더인 것이 아니라, 리더답게 행동해야 리더가 될 수 있다는 것도 깨닫게 되었어요."

"좋은 사람이 되기 위해 노력하다 보면 제 주위에 친구들이 모이면서 자연스럽게 제가 리더가 된다는 것을 알았어요. '좋은 사람이란 어떤 모습을 가진 사람일까?' 스스로에게 질문을 계속해보겠습니다."

"좋은 리더가 되기 위한 질문을 하면서 생각과 행동을 변화시키다 보면 주위에 친구들이 모여들어 팀이 만들어진다는 것이 새로웠어요. 팀이 만들어지면 그때부터는 '좋은 팀을 어떻게 만들 것인가?'에 대해 질문해야 한다는 것도 기억에 남습니다."

아이들의 말처럼 '리더는 질문하는 사람'이다. 그리고 질문의 내용은 조금씩 변화되어 간다. '나에 대한 질문'에서 '우리에 대한 질문'으로 발전하는 것이다. 주체적이고 독립적인 한 개인이 점차 자신이 속한 조직의 자치문화를 만들어내는 것도 이런 맥락에서다.

리더가 되기 위해서는 리더가 어떤 사람인지 알아야 한다. 리더는 '주장이 아닌 질문을 하는 사람'으로, 다음과 같은 질문들을 스스로에게 반복적으로 해야 한다. 아이들과 이 질문을 통해 겪게 되는 변화에 대해 이야기를 나눠보고 싶다.

- 누가 나의 도움이 필요할까?
- 나는 왜 도우려고 하는가?
- 나는 어떤 방법으로 도와줄까?
- 더 많은 친구들을 도울 수 있는 방법은 무엇일까?
- 나는 누구의 도움을 받을 수 있을까?

학생자치역량 강화 워크숍

학생자치역량 강화 워크숍에서 리더의 역할에 대해 생각해보고, 회의 진행 기술을 익히도록 하는 것뿐 아니라 또래 친구들이 학생자치활동을 펼친 사례들을 소개하여 익숙한 학교생활을 낯선 시선으로 새롭게 바라보면서 공동의 문제를 해결해갈 수 있는 다양한 방법을 탐색할 수 있도록 한다.

차시	활동 주제	활동 내용	활동 방법
1차시	학교의 주인(리더)은 누구인가?	- 리더와 주인의 의미를 이해하기 - 리더(주인)와 팀(팀워크) 관계 이해하기 - 좋은 팀을 만들기 위한 방법 찾기 - 자신의 생활태도 돌아보기	- 소집단 모둠토의 형식의 실습활동 - 회의 진행법을 익히고 확산적 수렴적 사고활동을 거쳐 모둠원들 간의 활발한 의사소통이 이루어질 수 있도록 함.
2~3차시	사례를 통해 학생자치 활동을 알아봐요!	- 학생자치활동의 의미와 실천 방법 알기 Q1. 학생자치활동이란? Q2. 생활에서만 가능한가요? 학습에서도 가능한가요? Q3. 다른 반 친구들과도 가능한가요? Q4. 도대체 언제 할 수 있지요? Q5. 학교에서만 하는 것인가요? Q6. 우리를 도와주는 사람 없을까요? Q7. 어떤 방법으로 실천할 수 있을까요? - 우리 학교에서 해결하고 싶은 문제 찾기 - 문제 해결방법 찾기 - 문제를 해결하기 위한 실천 계획 세우기 - 개인 및 팀 성찰 후 이야기 나누기	

공약을 만드는 과정도
교육의 기회

"회장에 당선된다면 학교 우유를 흰 우유에서 초코, 딸기 우유로 바꾸겠다고 공약을 낸 학생이 회장이 됐는데요, 학교 사정으로 공약을 이행하지 못해 학생들에게 심한 놀림을 받고 전학까지 생각하고 있어요. 좋은 방법이 없을까요?"

과연 좋은 방법이 있을 수 있을까? 방법이 있더라도 없다고 말하고 싶다. 학생이 놀림 받고 힘들어할 때까지 어른들은 도대체 무엇을 하고 있었단 말인가? 회장 후보자들이 공약을 만드는 과정에서 어떤 교육적 지도가 이루어졌단 말인가? 혹시 공약 만드는 과정을 발명 아이디어 경진대회로 여긴 것은 아닐까? 과연 학생들은 공약이 무엇이고, 좋은 공약을 만들기 위해 어떠한 과정을 통해 어떠한 노력을 해야 하는가를 배울 수 있는 기회를 제공받은 것일까?

실제로 학생자치 관련 연수와 컨설팅에서 선생님들과 얘기를 나눠보면 학생자치회 회장단 선거 전에 공약 심의위원회를 개최하여 학교 실정과 학생들의 요구를 충분히 반영한 공약을 만들고 검증할 기회를 갖는 것이 쉽지만은 않다는 것을 잘 알 수 있다.

그러나 선거 전 공약 심의위원회 개최를 통해 후보자 간에 공약의 장단점을 비교·분석해보고 개선해야 할 부분들을 상호 토의·토론하는 과정은 공동체를 만들어가는 데 있어서 무엇보다 중요하다. 적극적으로 소통하는 이 과정이 다음 학기 학생자치회 활동 기틀이 된다.

2학기가 시작되는 시점부터 갑자기 자치회 임원들의 자치 역량이 키워지는 것이 아니다. 공약을 만드는 과정부터 다음 학기 자치 활동이 시작되는 것이다. 학생들 여론이 잘 반영된 공약은 2학기 자치회 계획으로 그대로 모양만 달리하면 되는 것이다. 이 얼마나 중요한 과정인가. 그런데 우리는 지금 이 과정을 하고 있는 것인가?

공약 사진

　기호 1번과 기호 2번 후보자 중 누구의 공약이 더 구체적인가? 기호 1번의 공약이 더 구체적인 것을 알 수 있다. 그러나 학생들은 기호 2번 후보자의 공약에 '안전', '쾌적', '봉사' 등의 단어를 보고 좋은 공약이라고 생각하는 경우가 많다. '2번 공약의 실천 여부를 어떻게 알 수 있는가', '여기서 말하는 안전은 어떤 상태를 말하는 것인가' 등의 질문을 하는 과정을 통해 공약의 구체성에 관해 지도해도 좋을 것이다.

　좋은 공약이란 무엇보다 구체적이어야 한다. 공약 이행 여부를 직접적으로 설명할 수 있거나 확인이 가능할수록 구체적이라고 할 수 있다. 어떠한 목적을 실현하기 위해 무엇을 어떻게 할 것인가를 고민하며 공약을 구체화해가다 보면 공동체의 발전을 위해 자신이 무엇을 해야 하고, 무엇을 할 수 있는지가 선명해지는 것을 경험하게 된다.

방학이 시작되면 몇몇 학교에서 다음 학기 회장단을 선출하기 위한 계획을 수립하면서 공약 심의위원회 개최 관련 도움을 요청하신다. 강의 일정 조정 후, 자치 행사 담당 선생님께 정성을 다해 말씀드렸다.

"선생님, 공약 만드는 과정은 분명 발명 아이디어 경진대회와 다릅니다! 이 말의 무게감을 선생님과 함께 느끼고 싶네요."

회장단 후보자 교실 및 공약 심의위원회 활동을 통해 학생자치활동에 관심을 가진 예비 회장단들이 학교의 공동 문제에 관심을 갖고 한 개인의 의견이 아닌 학교 구성원들의 소리를 듣는 방법을 지도한다. 이는 공적 가치에 기여할 수 있는 세부 활동을 공약에 담아내는 활동이기도 하다.

좋은 공약이란?
- 시급하게 해결하여 긍정적인 변화를 이끌 수 있는 공약
- 구체적이어서 직접 실천 가능한 공약
- 학교 구성원들의 참여로 임기 내에 직접 변화·실천이 가능한 공약
- 공약을 실현하기 위해 별도의 예산과 인력 투입이 필요하지 않은 공약
- 공약 해결을 위해서 다양한 관점에서 접근할 수 있는 공약
- 이해하기 쉽고 학교 구성원이 공감할 수 있는 공약

달라진
전교어린이회의

"매달 담임선생님께서 말씀해주신 회의 안건으로 학급회의를 하고, 우리 반에서 결정된 내용을 학급회의록에 기록하여 전교어린이회의에 반 대표로 참여하고 있어요. 제가 저희 반 대표지만 언니, 오빠들 앞에서 자신 있게 생각을 발표하는 것이 힘들어요. 의견을 내는 사람들이 정해져 있는 것 같아요. 몇 명만 발표하고 대부분은 듣고만 있어요."

"학급회의에서 의논한 내용을 전교어린이회의에 가서 발언하더라도 여러 학급의 의견들이 모아지는 과정에서 우리 반에서 하고 싶어 했던 내용과 다른 결정이 내려질 때가 있어요. 회의에서 결정된 내용을 학급 친구들에게 전달할 때 친구들이 '우리가 말한 것은 어떻게 되었냐'고 물으면 당황스러워요. 그래서 점점 친구들이 전교어린이회의에 관심을 잃는 것 같아요."

"전교어린이회의 가기 전에 학급회의를 해요. 회의 다녀와서 결정된 내용을 어떻게 실천해야 하는지 다시 학급회의를 해야 하는데 잘 안 되고 있어요. 회의가 한 시간 안에 끝나지 않을 때도 많고요. 차라리 일주일마다 회의하는 시간이 정해지면 좋을 것 같아요."

'학급회의'와 '전교어린이회의'에 관해 학생들도 건의하고 싶은 말들이 많다. 두 회의 간에 상충되는 점들로 인해 교육활동이 효율적으로 이루어지지 못하고 있으나 학교현장에서는 아주 오래 전부터 해왔던 방식을 그대로 답습하고 있다.

학급 상황에 따라 학급회의 없이 전교어린이회의에 참여하는 학급도 많다. 한 시간가량 이루어지는 전교어린이회의에서 다양한 학급의 의견을 충분히 나누고 심도 있게 의논하기에는 분명히 시간적인 한계가 있다. 설령 시간이 확보되더라도 여러 학급의 의견을 모두 반영한 결론을 도출해내는 것도 쉽지 않은 일이다.

동문이라는 공통점은 있지만 서로 다른 선후배가 모여서 각자의 생각을 나누며 활발하게 회의할 수 있도록 하기 위해 회의 방법 또한 개선되어야 할 필요가 있다. 그래서 몇 년 전부터 기존의 틀에 변화를 주어 새로운 방식으로 학생회의를 해보고자 나름의 소소한 도전을 학교에서 시도하고 있다.

가장 먼저 학급회의와 전교어린이회의의 순서를 바꿔보았다. 전교어린이회의에서 안건에 따라 실천 가능한 다양한 방법들에 대해 회의를 한 다음, 모든 학급이 공통으로 실천할 만한 의미 있는 활동 2~3가지를 최종 결정한다.

이렇게 결정된 실천사항은 각 학급으로 전달된다. 각 학급에서는 학급만의 특성을 고려하여 2~3가지 활동 중에서 선택, 결정하여 교과 및 창체 또는 일과시간을 활용하여 실천 계획을 세워 실천한다. 그 다음 학생들과 지도교사의 실천 소감을 간단히 기록하여 나눌 수 있도록 재구성했다.

학급 구성원들의 선택과 결정에 힘을 실어줌으로써 실천의 동력을 만들기 위함이 가장 큰 방향이자 최종 목표이다.

두 번째로 모두가 정면을 향하는 일대 다수 형식의 발언이 아닌 소집단 회의를 거쳐 공동 사고가 이루어질 수 있도록 회의 공간 배치를 다르게 해보았다. 자석용 미니 보드판을 활용하여 모둠원들이 아이디어를 제안하면 정면에 있는 칠판에 붙이는 자석형 포스트잇을 활용한 회의 방법으로 변형해보았다.

제안된 아이디어들에 따른 상호 질문 또한 모둠원들이 함께 답변할 수 있도록 하였더니 성별과 나이에 구애받지 않고 활발하게 의견을 펼치는 학생들이 눈에 띄게 많아지는 변화를 경험할 수 있었다.

현재 몇몇 초등학교에 이 방법을 소개하여 운영해보고 있다. 그리고 이 방법의 장단점을 면밀히 관찰하여 계속해서 보완해나갈 계획을 가지고 있다. 회의하는 문화가 정착되고, 학급 내에서 학급의 주인으로서 학생들이 주체적으로 참여하기 위해서는 회의를 다루는 교사의 인식 전환이 무엇보다 절실하게 요구된다.

이러한 맥락에서 최근에는 '교사회의' 또한 새로운 시선으로 바라보게 된다. 단순한 업무 지시 전달에서 벗어나 안건 중심 교직원 회의문화를 만들기 위해 '부장회의'와 '전교직원회의'의 관계 정립이 필요해 보인다.

기존에 중요 결정을 내렸던 부장회의가 학생들의 전교어린이회의처럼 한 발짝 먼저 아이디어를 창출하는 TF팀의 기능을 해보면 어떨까? 최종 결정을 내려야 한다는 부담감을 내려놓고 브레인스토밍 차원에서 다양한 각도에서 아이디어

를 내는 것이다. 그리고 최종 결정은 전교직원회의에서 선택
적 결정 또는 선택들의 조합으로 연결하여 좀 더 구체화된
실천 방법에 대해 논의하는 데 시간을 할애해보면 어떨까?

Tip

( ) 회 ○○초 학생자치회의
( ) 학년 ( ) 반 실천 내용

회의일	년 월 일	회의 시간	
○○초 학생자치회의안 및 실천 사항	• 의제명 : • 실천 사항 : - - -		
우리 반 실천 내용	• • • •		
활동 후 학급 친구들 이야기 (실천 후 소감)	• ( ) - • ( ) - • ( ) - • ( ) - • 담임선생님 말씀 -		

* 각 반 회의록은 회의 일주일 전까지 전교어린이회 서기에게 제출한다.

회의 안건,
무엇이 좋을까?

"이 달의 전교어린이회의 안건은 '국어사랑 실천하기'인데요, 이 주제로 회의 진행 부탁드릴게요."

"10월 한글날 행사 방법 토의군요. 이 주제는 학급 또는 학년자치로 학년교육과정과 연계하여 운영했을 때 효과적이에요. 이 주제는 어떻게 결정되었을까요?"

"작년 학생자치 업무 담당 교사가 정한 듯해요."

"학생들에게 안건을 받아보면 어때요? 학생들이 겪고 있는 생활 문제로 회의하여 협의된 사항을 직접 실천해보면서 문제 해결력도 키우고 성취감도 느낄 수 있도록 하면 어떨까요?

생활에 밀접한 문제일수록 활발하게 회의가 진행되더라고요."

"이미 학교교육과정에 명시된 것이라 올해는 이 주제로 가야 할 것 같아요."

새롭게 디자인한 전교어린이회의 방법을 소개하는 차원에서 몇몇 학교에서 회의 진행 방법 시범을 보이고 있다. 회의 개최 몇 분 전, 선생님이 조심스레 물으신다.

"회의 시간이 남는다면, 분리수거 문제도 회의했으면 하는데 가능할까요?"

"회의 진행법을 익히면서 한 시간에 두 개 주제를 다루는 것은 무리입니다. 문제가 발생한 원인을 충분히 의논해야 구체적으로 실천할 수 있는 해결방법을 찾을 수 있거든요."

지도교사의 판단에 따라 '어떻게 하면 우리가 우리말을 바르게 사용하는 방법을 알고 실천할 수 있을까?'가 최종 주제로 결정되었다.

지난 학생자치역량 강화 워크숍에서 나눴던 효율적이고 부드러운 회의를 위한 대전제를 상기시키면서 회의를 시작하였다. 다수결이 아닌 합의가 갖는 의미, 인간의 양심이 발현되는 조건, 벌보다 칭찬이 주는 효과, 긍정적인 피드백과

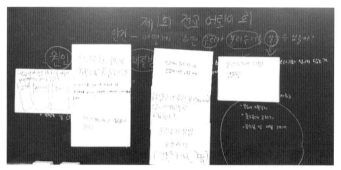
회의 주제는 구체적인 방법을 논의할 수 있는 것이 좋다

행동 강화 요인 등에 대해 간단명료하게 언급했다.

회의는 안건의 핵심 개념에 대한 합의 후, 실천되지 못하는 원인을 찾고 원인을 줄이거나 없애기 위한 구체적인 실천 방법에 대한 모둠토의 형식으로 진행된다고 설명했다. 모둠 토의가 막 시작될 때였다.

"혹시 지금이라도 분리수거로 주제를 바꿔서 진행해주실 수 있을까요?"

집중해서 회의 참관을 하신 선생님께서 드디어 회의 준비 과정에서 말한 좋은 안건의 조건을 제대로 이해하신 듯하다. 우리말의 바른 사용법을 알고 실천하기 위해서는 무수한 변인이 작용하고, 이는 몇 차례의 액션으로 학생의 언어 습관을 변화시키는 데는 한계가 있음을 아신 것이다.

우리말의 바른 사용은 전교생이 캠페인과 같은 퍼포먼스를 함께 실천하기보다는 학급 단위로 지속적인 반성과 성찰로 이어가는 것이 분명 더 효과적이다. 더군다나 수준이 다른 여러 학년 학생들이 한자리에 모여 회의 방법을 익혀가는 과정에서 많은 학생이 실천 가능한 구체적인 방법을 논의하기에는 적합하지 않았다.

전교학생자치회의가 실천 없이 허공에 떠 있는 좋은 말 대잔치가 아니라는 것을 학생들에게 제대로 경험하게 해주고 싶은 지도교사의 강한 의지를 엿볼 수 있는 제안이었다.

회의 진행 과정을 익힌 학생들은 변경된 주제로 순조롭게 회의를 이어나갔다. 학생들이 생활 속에서 매일 접하는 분리수거 문제여서인지 문제 원인과 원인 제거를 위한 구체적인 실천 방법을 열띤 토의·토론 과정을 통해 무리 없이 발견해 냈다.

"회의 주제 선정 기준에 대해 제대로 알게 되었어요."
"선생님처럼 회의를 진행하려면 연습이 필요하겠지만 어떻게 회의를 진행하는지 알겠어요."
"회의 진행 과정을 직접 볼 수 있어서 큰 도움이 됐네요."
"회의 실천 결과를 바로 학생자치로 연결하는 방법도 덤으로 배울 수 있었어요."

　지난번 만났을 때만 해도 불안한 눈빛으로 전교학생회의 진행을 걱정하셨던 지도교사의 얼굴에서 환한 빛을 볼 수 있어서 덩달아 행복해졌다. 무엇보다 교사의 올바른 판단과 신속한 액션의 변화가 학생들의 배움과 성장을 이끌어내는 데 결정적인 역할을 한다는 것을 배웠던 시간이었다.
　문득 활발한 토의·토론을 통해 부드럽게 진행되는 회의 또한 한 편의 예술작품일 수 있다는 생각이 들었다.

건의사항, 언제 어디에서
말해야 할까?

"전교학생자치회에서 어떤 건의사항이 나왔는지 친구들에게 말해줄 수 있을까?"

"상자텃밭에 물을 주는 호스가 며칠째 고장 나서 고쳐달라는 의견이 있었어요. 그런데 자치 선생님께서 왜 회의 때까지 기다렸냐고 말씀하시면서 건의할 일이 있으면 즉시 의견을 내라고 하셨어요."

맞다! 우리는 왜 불편한 일이 발생했는데도 회의하는 날까지 기다렸던 것일까? 건의사항을 말하는 것을 전교학생자치회의 중에만 할 수 있는 의식이라고 여겼던 것은 아닐까? 불편하거나 개선되었으면 하는 일이 있을 때 누구나 일상에서 쉽게 말할 수 있어야 하는데, 특별한 자리에서 권한을 가진 소수의 몇 사람만이 할 수 있는 특권으로만 이해해왔던 것일까? 아니면 건의를 하면 쉽게 받아들여지거나 개선되지 않은 경험이 만들어낸 무기력이 작용했던 것일까?

학생자치 담당 선생님 말씀 덕분에 학교 구성원들이 의견을 자유롭게 펼칠 수 있는 환경을 만들기 위해 누구나 언제든지 생각하는 바를 전할 수 있는 분위기와 시스템을 정비해갈 필요성과 구체적인 방법들에 대해 생각해볼 수 있었다.

나는 지금 학급에서 학생들의 의견이 자유롭게 펼쳐질 수 있는 환경을 만들어주고 있는가? 학생들의 건의를 받고도 그냥 지나친 적은 없는가? 학생들이 무언가를 제안할 때, 낯설거나 귀찮다는 이유로 거절해오지는 않았는가? 나는 어떠한 말과 몸짓으로 반응을 해왔는가? 잠시 내 행동을 돌아본다.

학생참여예산제,
초등학생도 가능하다

"김 부장, 위험 부담이 있을 텐데⋯⋯. 꼭 해야겠는가?"

지난 일을 잘 기억하지 못하는 내게도 2014년 봄, 학교 화단을 거닐면서 교장선생님과 나눴던 '학생참여예산제'에 관한 대화는 몇 년이 지난 지금도 생생하게 기억난다.

당시 학생자치활동 활성화 차원에서 고등학교에서 '학생 참여예산제'를 권장하던 시기였다. 나는 이를 초등학생 동아리에서 적용해보고자 했던 것이다. 나 자신이 학교 단위 또는 교사, 학생 동아리 활동에서 예산을 기획·집행해보는 성공 경험을 통해 자치 능력이 크게 성장했음을 깨달았기에 이를 우리 학생들과도 공유할 수 있도록 기획하고 싶다는 자신감을 가졌던 시기로 기억된다.

지금도 크게 달라지지는 않았지만 그 무렵에는 많은 이들이 초등학생이 예산을 기획·집행하는 것이 가능할까 의문을 품었다. 초등학교에서 학생참여예산제를 시도하고 싶었던 나는 우려되는 점들을 어떻게 해결해나갈지 교장선생님을 설득하는 데 많은 에너지를 쏟았다.

"그토록 해보고 싶다면, 해보세!"

드디어 화단 앞에서 교장선생님의 승인이 떨어졌다. 그런데 허락이 떨어짐과 동시에 하고 싶다는 마음이 사라져버린 것이 아닌가(지금도 그 당시 나의 마음의 변화를 설명하는 게 쉽지 않다)? 겉으로는 교장선생님을 설득하는 것처럼 보였지만, 사실 교장선생님과의 대화를 하면서 스스로를 설득하는 중이었는지도 모른다.

'왜 이리 위험 부담이 많은 일에 도전하려고 하는 것인가? 이 일에 대한 책임을 나 혼자 지는 것이 아닐 수도 있는데 말이다. 혹, 그럴 일이 생기지는 않겠지만 예상하지 못했던 문

제로 인해 그 누군가가 피해를 본다면 어쩌지? 내가 관리할
수 없는 영역의 일이라면?'

이런 생각까지 했었다. 그로부터 2년 후, 연구비를 지원
받아 학생자치활동 활성화 방안 관련 연구에 집중할 수 있
는 개인 연구 활동으로 학습연구년을 보낼 수 있게 되었다.
옳다구나! 드디어 때가 왔다! 이제는 제대로 실천해보자!
　깔끔하게 처리해야 하는 공문서 작성 없이 계획서와 지출
내역, 집행 결과보고서를 근거 자료로 제시하면 되는 개인
연구비로 학생참여예산제를 도전해볼 수 있는 기회가 온 것
이다. 그것이 '솔리언 또래상담 동아리'였다.

　솔리언 또래상담 동아리에서 활동에 필요한 물품에 대해
간단한 계획서를 작성해서 주면 내가 구입하는 방법으로
진행했다. 연구년 교사라 일주일에 한 번밖에 아이들을 만
나지 못해서였을까? 학생들은 예산을 직접 사용할 수 있다
는 새로운 도전에는 충분히 동기부여가 됐지만 구체적으로
삶 속에 구현해내는 것을 힘들어했다.

　일회성 행사보다는 장기적으로 함께 할 수 있는 활동을
학생들 스스로가 기획하는 게 다소 무리였지 않나 반성해
본다. 일주일에 한 번이 아니라 학생들과 매일 함께 생활하

면서 필요한 부분들을 관찰하여 섬세하게 피드백 주는 과정을 거쳤더라면 어떠했을까?

그러한 아쉬움이 가져온 미련 때문일까? 작년과 올해는 학년 팀프로젝트 활동에서 예산을 기획해보는 기회를 학생들에게 또 한 번 제공하고 있다. 학생들은 학년 팀프로젝트 활동을 진행해가면서 활동에 필요한 퀴즈 상품, 놀이활동에 필요한 종이 팔찌, 음식물 얼룩 제거제, 복도에 위험할 수 있는 곳에 부착할 모서리 보호대, 방향제 등 다양하게 필요한 물품들을 인터넷 구매 사이트 장바구니에 넣어둔다.

작년에는 팀프로젝트 행사 진행 상품비로 많은 예산을 집행했던 학생들이 올해는 좀 더 확장된 방향으로 예산을 직접 기획하려는 주체성과 가능성을 서서히 보여주고 있다. 가까운 곳에서 그들과 생활하는 지도교사만이 느낄 수 있는 섬세한 변화지만 이는 분명 놀라운 발전이 아닐 수 없다.

얼마 전에는 초등학생들이 예산 사용과 관련하여 계획하는 것을 힘들어하는 근본 원인을 좀 더 면밀히 발견해보고자 5월 8일 어버이날을 맞아 학생들에게 새로운 도전과제를 제시해보았다. 학생들과 함께 한 회의에서 부모님을 위한 깜짝 선물이나 파티 비용으로 1인 3천 원씩을 학급 학생들에

학생들에게 나눠준 3천 원

게 준 것이다.

"선생님께 용돈을 받다니 기분이 이상하지 않냐?"

어버이날 준비를 위해 나만의 3천 원으로 무엇을 해볼까? 아이들에게는 이 경험 자체가 신선한 충격인 듯했다. 그러나 일주일 전부터 예산 사용방법을 계획해야 제공되는 3천 원이었다. 카네이션부터 편지지, 조각 케익, 컵, 용돈을 더해 산 책, 색종이로 만든 카네이션, 핸드크림 등까지 대부분 미션 성공을 외쳤지만 3천 원을 다 못 쓰고 가져온 친구들도 서너 명 되었다.

작은 돈이지만 저축이 최선이라고 생각하는 친구들은 이 돈을 사용하기 힘들어했고, 생각하는 것이 귀찮아서 안 하겠다는 친구도 한 명 있었다. 그 또한 인정해주었다. 돈 또

한 경영할 수 있는 능력이 없으면 향유할 수 없음을 가르쳐
주기 위해 사용하지 못한 돈은 다시 가져오도록 했다.

어리다는 이유로 신경 쓰지 못했던 가족행사를 내년에는
용돈을 모아 직접 챙겨볼 것이라는 친구들도 있어 활동의
목적에 가까이 다가간 듯도 하다.

초등학생들의 자치권을 보장하기 위해 예산을 사용하는
구체적인 지도 방법에 대해 현장에서 직접 실천해보면서 나
눌 수 있는 팁들을 꾸준히 정리해봐야겠다. 확장된 경험과
무한한 가능성을 그려볼 수 있도록 하는 삶의 도구들을 다
뤄보는 연습과 훈련을 초등학생 때부터 해본다? 결코 이르
지 않다!

학생들이 프로젝트를 진행할 때 편리한 물품 구매를 위해 온라인 쇼핑몰 장
바구니에 물품을 담아두면 교사가 결제해주는 방법도 병행하고 있다.

학생들이 스스로 준비하는 동아리 발표회

교육청 주관 대회들이 무수히 열렸던 새내기 시절, 시낭송 지도교사로서 부단히도 애썼던 기억이 있다. 애쓴 만큼 좋은 결과를 얻기도 했지만 대회를 마치고 나면 학생도 나도 지쳐서 다음에는 결코 이런 일은 하지 않으리라 다짐하곤 했다. 교사가 학생보다 의욕이 앞서다 보니 서로가 지치는 것은 당연한 일이었을지도 모른다.

그러나 이제는 더 이상 이런 일은 일어나지 않는다. 학생 자치활동에 관심을 갖고 발표회 또한 학생들이 주체적으로 계획하고 실천할 수 있도록 과정을 디자인하니, 이제는 학생들이 먼저 선생님께 궁금한 것들을 물어보면서 발표할 내용을 스스로 만들어간다.

> "선생님, 몇 분 후에 발표 장소에 도착하죠?"
> "5분 정도 더 가야 할 듯한데……."
> "얘들아! 한 번 더 연습할 시간이 된다. 한 번 더 해보자!"

책쓰기동아리 학생들과 학생 책 출판 기념행사에 참가하기 위해 차를 타고 발표 장소로 향하는 중이었다. 지도교사인 나는 발표에 대한 어떠한 언급도 하지 않았다. 잘하려고 하면 부담감이 느껴져 더 떨릴 수 있으니 그동안 해왔던 것을 차분하게 전달하는 기회로 삼자는 몇 마디 당부가 다였다. 그러나 학생들은 스스로 한 번이라도 더 연습해보자며 움직이는 차 안에서 서로의 발표 대본을 끊임없이 맞춰봤다.

지도교사가 학생들의 발표 대본을 짜는 일은 결코 일어나지 않는다. 지도교사는 학생들과 둘러앉아 우리가 어떠한 목적에서 이 활동을 했고, 어떤 과정을 거쳤으며, 이 과정을 통해 성장한 것들이 무엇인지를 풀어낼 수 있도록 질문만 해주면 된다.

학생 한 명이 칠판에 우리들이 나눈 이야기를 마인드맵으로 구조화한다. 가끔 어려움을 느끼면 교사가 그 부분만 명확하게 잡아주면 된다. 대화가 마무리되면 모두가 칠판에 그려진 마인드맵을 보면서 각자의 발표 내용을 정하고 발표 순서를 정한다.

"모두가 고르게 발표할 수 있도록 발표하는 양을 좀 더 나눠보자."

"우리가 이것을 하게 된 이유와 과정들을 이야기 형식으로 만들어보면 어때?"

"소리가 조금 약하다. 큰 목소리로 또박또박 정확하게 발음해야 할 것 같은데."

"각자 이것을 하면서 알게 된 점이나 느낀 점을 순서대로 발표하면서 마무리하자!"

그동안 동고동락한 덕분일까? 서로 의견을 조정하고 합의해가는 과정을 가만히 지켜보니 동아리 활동을 하면서 부쩍 성장한 아이들의 모습이 보인다.

- 학생자치에 대한 철학이 서니 학생 발표회 자리가 더 이상 업무로 다가오지 않는다. 교사는 학생들이 해낼 수 있을 것이라는 가능성을 믿고 편안하

게 기획할 수 있도록 안전한 공간을 만들어주고 지지하며 지켜봐주는 역할만 하면 된다.

- 학생들이 협의하는 과정을 들어보면 좋은 아이디어들이 많이 나오곤 한다. 그러나 이를 구체화하는 방법에서 종종 한계를 느낀다. 이럴 때 교사는 현재 학교의 여건 등을 고려하여 이를 구체화할 다양한 방법들을 소개해줄 수 있어야 한다.

- 학생 동아리 운영 방법이 따로 있는 것이 아니다. 평소 수업시간에 활용하고 있는 다양한 교재와 교구들을 동아리 운영에 활용하면 효율적으로 시간을 관리할 수 있게 된다. 교사의 관점의 전환이 동아리 운영의 질을 높일 수 있다.

캠페인 활동,
무엇을 목적으로 해야 할까

"저는 사탕을 받고 싶었는데 필요 없는 자를 주셨어요."

"나는 포스트잇 받았어!"

"몇 개 받았어?"

"나는 사탕 받았는데, 바꿀래?"

등굣길 외부기관 주관의 교통안전 캠페인에서 학생들에게 홍보물을 나눠준 모양이다.

"무슨 캠페인이었어?"

"모르겠어요."

"차 조심하라는 것 같았어요."

일찍 출근하여 교실에 있었던 터라 무엇을 전하는 캠페인 인지 궁금해서 가볍게 던진 질문에 돌아온 답을 들으며 순 간 생각이 많아진다. 언젠가 흡연예방 캠페인 중에 나눠준 칫솔을 보며 "담배 피우면 입 냄새나잖아. 담배 피우고 양치 질 잘하라고 나눠주나 봐."라고 대화를 나누던 학생들도 함 께 떠오른다.

이렇게 캠페인 홍보물을 나눠주는 날이면 교사는 평소 보다 말을 더 많이 해야 한다. 홍보물로 다툼이 일어나기 전 에 미리 예방하기 위한 노력도 필요하다. 하교할 때까지 홍 보물들이 책상 위를 오르내리며 수업을 방해해서 불필요한 잔소리도 하게 된다. 교내 이곳저곳에 나뒹구는 쓰레기들도 많아진다.

점심시간, 급식실 입구에 1학년 학생들이 미술시간에 만 든 포스터를 들고 '지구별 지키기 환경보호' 캠페인 활동을 하고 있다. 100여 명 되는 꼬마 친구들이 한 줄로 서 있는 것만으로도 귀여움 그 자체였다. 작은 입으로 옹알옹알 노 래까지 부르는데 무엇을 홍보하는지가 아니라 귀염둥이들의 입만 눈에 들어왔다.

그들이 무언가를 열심히 하고 있는 모습 자체가 마냥 귀엽고 사랑스러워서 무엇을 알리려는지가 뒤로 감춰져버렸다. 그렇다면 이 귀염둥이들은 과연 누구를 위해 이렇게 애쓰고 있었던 것일까? 언니 오빠들에게 알리려고 하는 바가 성공적으로 달성되었다고 할 수 있을까?

흥미롭게도 캠페인을 하면 마치 타인에게 알리고 홍보하는 것이 목적이라고 생각하는데, 자세히 들여다보면 홍보자들 자신이 준비하고 홍보하는 과정에서 가장 많이 성장한다. 타인을 변화시키려고 애쓰다 보면 어느덧 자신이 가장 먼저 변화되는 것처럼 말이다.

이러한 관점으로 생각하면 캠페인 방법을 효율성 위주로만 접근하지 않아도 되니 다소 고민이 줄어들기도 한다. 그러나 홍보 주체자와 대상자 모두에게 적극적인 행동의 변화를 이끌 수 있는 캠페인 활동 방법은 분명 더 개발

캠페인 홍보 포스터

되고 고민해야 할 것이다.

학생들의 아주 작은 인식의 변화만이라도 이끌어내기 위한 캠페인이 되길 바란다면 활동 전, 좀 더 깊은 고민을 함께 해보자!

캠페인 활동 준비 전, 잠깐 고민해봐요!

- 어떠한 목적으로 무엇을 홍보하고 싶은가?
- 누구에게 홍보할 것인가?
- 홍보할 대상자의 특성을 이해하고 있는가?
- 과연 그 목적을 위해 어떤 활동을 어떤 방법으로 펼칠 것인가?
- 이 활동은 학생들에게 어떻게 이해될 수 있을까?

효과적인
학생 캠페인 활동

서울 출장을 다녀오는 길, 늦은 저녁시간에 기차를 내려 택시가 있는 방향으로 걸어가고 있을 때였다. 한 청년이 다 가오더니 내게 스티커 한 개를 내미는 것이 아닌가? 평소 학생 캠페인 활동에서 익숙하게 사용하고 있는 스티커라 자연스럽게 검지손가락 끝으로 스티커를 받았다.

"시간 괜찮으시면 제가 퀴즈 하나 낼게요. 맞춰보실래요?"

청년은 나를 한쪽에 설치된 부스로 데려간다. 난민의 실상에 대한 퀴즈를 몇 개 내더니 내 생각을 스티커로 표현하도록 하면서 자연스럽게 유엔난민기구 후원에 대한 안내로 연결해간다. 질문하고 대화를 나누는 방식으로 자발적으로 내 의견을 이끌어주는 듯 편안한 느낌을 가질 수 있었다.

어둑어둑해질 시간, 혹 스티커 없이 갑자기 다가왔다면 내가 과연 이 청년의 말에 귀 기울였을까? 퀴즈라는 형식이 아닌 일방적인 권유로 설득만 했다면 과연 내가 후원계좌를 기록했을까? 그렇다면 진정 동참하고자 하는 마음이 들도록 한 것은 무엇이었을까? 집으로 가는 택시 안에서 계속 생각했다. 아마도 그 시기 효과적인 캠페인 방법에 대해 고민 중이어서 그 청년의 행동 하나하나가 새롭게 평가되었는지도 모르겠다.

학생자치활동을 하다 보면 주장을 자신 있게 홍보해야 할 경우가 빈번하게 생긴다. 그러나 우리 학생들은 홍보물로 얼굴을 가리고 가만히 서 있거나 목이 터져라 소리치는 것을 캠페인으로 알고 있는 경우가 많다. 이 방법이 결코 효율적이지 않다는 것을 알고 있으나 막상 이를 어떻게 재디자인할 수 있을지에 대해 생각할 시간을 갖지 못하다 보니 기존의 방식을 그대로 답습하고 있는지도 모르겠다.

그날 이후 캠페인 활동에 스토리를 입히는 방법들에 관심을 갖고 조금씩 시도해보고 있다. 캠페인의 성격에 맞는 스토리를 입혀서 홍보하여 캠페인의 효과성을 높이는 것이 목적이었다.

사람들의 마음을 움직이려면 크고 거칠게 외칠 것이 아니라 부드러운 목소리로 따뜻하게 다가가야 하지 않을까? 다수의 홍보자가 갑작스레 다가가는 것은 마음의 문을 열게 하는 것이 아니라 오히려 공포감으로 인해 거부감을 줄 수 있기 때문에 소수가 다가가서 친절하게 대화하는 방법이 효과적이지 않을까?

교문 앞에서 부드러운 대화로 캠페인 활동을 하는 아이들

4장 전교학생자치회, 새롭게 바꿔봐요

퍼포먼스에 집중하다 보면 자칫 홍보자 스스로가 지금 무엇을 왜 하는지 잊어버리고 앵무새로 전락할 수 있다. 홍보자들이 주장하는 바를 스스로 들을 수 있는 형식을 취해보는 것은 어떨까? 청중이 직접 선택하고 결정할 수 있는 기회를 열 수 있도록 묻고 답하는 형식으로 스토리를 만들어보면 어떨까?

"저희가 준비한 것이 A, B, C가 있어요. 어떤 것을 들어보고 싶으세요?"

이 질문 하나만이라도 부드럽게 말할 수 있는 것, 타인의 마음의 문을 활짝 열 수 있는 마스터키를 가진 것과 같지 않을까?

5

학생자치는 교사자치에서 시작된다

> 전문적 학습 공동체 함께 만들어요.

교사의 역할과 마음가짐
토론하는 교직원회의 문화
행복한 교사학습공동체 활동
함께 배우면서 성장해가는 교사연수

학생자치활동으로
성장하는 교사

1~2주에 한 시간씩 있는 학년자치 팀프로젝트가 운영될 때, 10개의 팀은 각 반 교실로 흩어져서 프로젝트 활동을 준비한다. 어느 날, 옆 반 선생님께서 웃으시면서 살짝 말씀하신다. 우리 반에서 프로젝트 활동을 하는 팀의 한 학생이 담임교사에게 곤란함을 토로했단다.

"2반 샘은 생각지도 못한 질문을 해서 당황스러울 때가 많아요. 2반 샘이 물으시면 어떻게 대답해야 할지 모르겠어요."

내가 하는 질문이 어려웠나? 특별히 어려운 질문도 아니었는데…….

"너희가 만들고 싶어 하는 '안전한 학교'에서 '안전'이란 무엇을 말하는 거야?"

아마 이처럼 일상에서 너무도 익숙해서 더 이상 의문을 갖지 않고 있는 개념과 목적들에 대해 질문을 하니 당황스러웠나 보다. 내가 질문하는 대상은 학생들만이 아니다. 선생님들께도 질문을 한다.

"무엇인가를 끊임없이 배우고 익혀야 하는 건 무엇 때문일까요?"

"선생님께서 지금 가지고 계신 교육학적 지식의 깊이가 상당하신데, 알고 계신 것을 수업에서 어떻게 활용하고 계세요?"

"무엇을 더 알고 싶으신가요? 왜 궁금하세요? 그것을 알고 있을 때와 모를 때, 어떤 차이가 있을까요?"

"선생님께서 생각하시는 좋은 교사란 어떤 교사를 말하는 것인가요?"

"선생님은 왜 좋은 교사가 되고 싶으세요?"

"선생님께서 오늘 컨설팅을 통해 기대하시는 바가 무엇인가요?"

"오늘 컨설팅이 선생님께 어떤 도움이 되었나요?"

한 달에 한 번, 짧은 만남이지만 수업 컨설팅이라는 명목으로 꾸준히 만남을 이어오고 있는 동료교사들에게도 그동안 끊임없이 질문을 던졌다.

첫 만남에서 몇 가지 질문을 드렸을 때, 옆 반 학생처럼 무척 당황스러워하셨던 선생님의 얼굴이 떠오른다. 그러나 서로가 조금씩 가까워지면서 질문을 하는 목적을 조금씩 이해하신 것일까? 이제는 어떤 질문에도 당황하기보다 질문을 통해 '현상'과 '자신'과의 연결점을 빠르게 찾아서 대화를 이끌어가는 모습을 보여주신다.

그 선생님께서 오늘 보여주신 작은 변화를 말씀드렸더니 고개를 끄덕이며 환한 미소로 답해주신다. 두껍게 둘러싸여 쉽게 부드러워질 것 같지 않던 단단한 막에 결이 비슷한 언어의 터치가 지속적으로 가해지자 서서히 관점의 변화가 일어난 것일까? 자신의 변화를 직접 말하며 자각이 가져다준 행복감을 알아차리신다. 이 얼마나 감사한 일인가.

교육과정을 충실하게 분석하여 학급 학생들 수준에 맞게 재구성하고, 이를 매달 정기적으로 학부모들에게 안내하는 활동을 해온 선생님이 계시다. 이러한 활동이 귀찮지는 않냐며 어떤 장점이 있는지 물었다.

"교육과정을 재구성하면서 교육 전문성이 높아질수록 저의 자율성이 커지는 것이 최대 장점이에요. 예전에는 학부모들이 교과서가 아닌 교육과정을 재구성해서 만든 학습 자료들로 수업을 하니 제대로 학습이 이루어질까 염려하셨거든요. 그러나 총회 때 미리 교육과정 재구성에 대해 충분히 안내해드리고, 정기적으로 교육활동 안내 자료와 평가 결과물들을 가정으로 보내드리니 현재 운영하고 있는 교육활동들에 대해 신뢰감을 가지시더라고요. 지금은 제가 어떠한 활동을 하더라도 믿고 맡겨주시는 분위기가 되어서 최근에는 예전보다 더 많은 활동들을 눈치 보지 않고 과감하게 시도해볼 수 있어서 좋아요."

교사의 자율성이 커지려면 전문성은 그 이상 커져 있어야 한다.

시간의 한계를
극복하는 전략

점심시간, 두 명의 학생이 운동장 실내화 착용 금지 규칙을 어겼다는 소식이 전해졌다. 때마침 교재연구실 앞으로 지나가는 학생들을 불러본다.

"의자에 앉아볼까? 선생님이 왜 지나가는 너희를 불렀을까?"

"실내화를 신고 운동장을 다녀서요."

"우리가 왜 실내화를 신고 운동장에 들어가지 않기로 약속했지? 바로 답하지 말고 각자 그 이유를 생각하고 이야기하면 어때? 몇 분 정도 생각할 시간을 주면 좋겠니?"

"2분이요."

아이들에게 잠시 생각할 시간이 주어진다. 아이들이 얘기
한 대로 2분 정도의 시간이 지난 후 다시 질문을 한다.

"이유가 뭘까?"

"교실이 더러워져서요."

"신발이 더러워져서요."

"규칙을 어기면 서로가 불편해지니까요."

2분 동안 아이들은 자신이 무엇을 잘못했는지 스스로 답
을 찾아낸다. 만약 생각할 시간을 먼저 주지 않았다면 어땠
을까? 계속 시간을 끌거나 자신의 행동을 변명하려고 애썼
을지 모른다.

시작종 치기 5분 전, 변명을 만들어내고 합리화시키는 데
시간을 허비하기보다 그 행동이 가져오는 불편함을 찾고 더
불어 살아가는 데 필요한 약속이 존재하는 이유를 나누는
것이 효율적인 시간 관리가 될 수 있다.

우리는 시간과 공간의 한계 속에서 살아간다. 그래서 내

삶의 주인으로 주체적으로 살아가기 위해서는 디테일한 전략이 필요하다. 시공간의 한계뿐 아니라 자기 자신의 한계를 극복하면서 단점을 장점으로 전환시킬 수 있는 시선과 내 삶의 기준이 될 수 있는 전략들에 대해 고민해본다.

학생이 주체적으로 문제를 인식하고 스스로의 해결방법을 찾아가도록 돕다보면 효율적인 시간 관리가 절대적으로 요구된다. 마찬가지로 교사 또한 주체적인 삶의 전략을 세워 시공간의 한계를 극복해나가는 태도를 길러나가야 할 것이다.

5장 학생자치는 교사자치에서 시작된다

어머니,
저 믿으시죠?

"선생님, 어떡해요? 우리 딸이 친구들을 의심해서 일을 키워
버린 것 같아요. 이 일로 우리 정윤이가 왕따 당하면 어쩌죠?"

수화기 너머로 들리는 떨리는 음성에서 정윤이 어머님께서
지금 얼마나 걱정이 크신지 그대로 전해진다. 딸의 아픔과 힘
듦을 대신 겪을 수만 있다면 전부 다 자신이 짊어지고 싶다
고 하신다. 자식을 키우는 엄마로서 내 마음도 아려온다.

"어머니, 저 믿으시죠? 저 믿고 따라오실 수 있으시죠?"

이럴 때는 내 몸 깊숙한 곳에서 그동안 차곡차곡 쌓아놓았던 내공을 천천히 길어올려 묵직하게 말을 내어놓는다. 가끔은 이런 자신감이 어디에서 나오는지 스스로에게 놀란다. 모두의 안녕을 위해 간절한 마음을 담아 말을 길어올릴 때면 순간적으로 현기증을 느끼기도 한다.

나는 안다. "저 믿으시죠?"라는 말이 상대에게 얼마나 큰 힘이 되어주는지를. 이 상황에서 영향력을 발휘할 수 있는 절대적인 사람이 교사라고 믿는 이에게 내가 해야 할 마땅한 도리인지도 모른다. 내가 드린 이 한마디에 어머니는 안정을 되찾고 딸을 위로할 힘을 회복하셨다. 정윤이 어머님은 문제 해결에 결정적인 역할을 한 것이 내가 아닌, 바로 당신의 안정된 태도였음을 언젠가는 아실 것이다.

나는 안다. "저 믿으시죠?"라는 말이 바로 나 자신에게 얼마나 큰 힘이 되고 있는지를. 이 일을 지혜롭게 해결할 수 있는 힘이 내 안에 있다는 확신을 가져야 문제 해결의 실마리가 서서히 보인다는 것을 나는 안다. 내가 문제를 해결할 수 있는 중심에 있다는 생각만으로도 주어진 상황의 흐름을 냉철하게 파악하여 문제의 핵심을 알아내려는 힘이 다시 살아난다. 이 말은 담임교사인 내가 이 문제를 주도적으로 풀어갈 마음의 준비를 시작하였다는 의식의 표현이다.

나는 경험했다. "저 믿으시죠?"로 시작했던 일들이 드라마틱하게 해결되었던 것을. 뒤로 물러서지 않고 내가 적극적으로 해결하려는 주체자가 되었을 때, 언제 어디서 왔는지 알 수 없는 이가 바로 내 눈앞에서 일을 함께 해결해주었다.

"학기 초 우리 정윤이 친구 문제로 힘들었을 때, 큰 힘이 되어주셨던 선생님께 다시 한번 감사드립니다."

학부모께 드린 안내장에 답글이 달려 돌아왔다. 몇 달이 지난 지금도 그때가 쉽게 잊히지 않으시는가 보다.

"어머니, 저 믿으시죠? 저 믿고 다음 학기도 함께 가보실까요?"라고 예쁜 글씨로 답글을 적어본다.

학생자치뿐 아니라 교사자치에서도 핵심은 자신에 대한 믿음이다. 자치력의 생명은 바로 자신에 대한 믿음과 자기 확신이다. 학생에게 스스로의 욕구를 발견하여 실천으로 끌어낼 수 있는 잠재력에 대한 확신을 주기 전, 교사 또한 스스로가 학생을 성장시킬 수 있는 무한한 힘을 가지고 있다는 자기 확신을 튼실하게 쌓아보자.

반 전체가 아닌
한 명 한 명을 바라보자

새내기 교사 시절, 2학년 담임교사를 할 때이다. 언젠가부터 우리 반 학생들 수업 집중도가 낮아졌다. 원인을 알 수 없었다. 퇴근 후까지도 자료를 준비해서 목이 아플 정도로 열정적으로 가르치는데, 아이들에게 내 말은 점점 들리지 않는 듯했고 내 모습 또한 흐릿하게 보이는 듯했다. 서운함을 넘어 서서히 그들이 미워지기 시작했다. 도대체 무엇이 문제일까?

그날도 나는 교탁 앞에 서서 집중하지 않는 그들을 나무라며 집중해야 하는 이유들을 장황하게 늘어놓았다. 역시나

들어주지 않았다. 집중하지 않는 학생들을 그냥 바라보았다. 말없이 조용히 바라보았다.

바라보는 시간이 조금씩 길어지자 자연스럽게 '학생들'이 아닌 학생 '한 명 한 명'이 보이기 시작했다. 예전에 호기심 어린 눈빛으로 즐거움을 나눴던 한 명 한 명과의 추억이 떠올랐다. 그렇게 예뻤던 아이가 어떻게 이렇게 변했을까? 스스로에게 질문하고 또 질문했다. 도대체 무엇 때문에 이렇게 되어버린 것일까? 그러다가 문득, 그야말로 불쑥 물음에 대한 답들이 연결되어 흘러나왔다.

'맞다! 학생들이 잘못한 것이 없네. 그렇다면 누가 문제지? 나인가? 내가 무엇을 잘못한 걸까? 내가 그들에게 지금 어떻게 하고 있지? 내가 조금 전 그들에게 무슨 말을 했지? 요즘 내가 자주 사용하는 말이 무엇이지?'

끊임없이 나에게 묻다 놀라운 사실을 발견하게 되었다. 유레카 그 자체였다. 학생들이 아닌 내게 문제의 원인이 있다는 분명한 단서를 찾아낸 것이다. 학생들을 칭찬하고 격려해주며 보상을 해줬던 내가, 최근에는 잘못한 것만 탐정처럼 속속들이 찾아서 지적하고 비난하면서 벌을 주고 있었던 것이다. 충격적이었다. 문제의 원인이 나였다니⋯⋯.

원인을 알고 나니 마음이 편해졌다. 더 정확하게는 내게 원인이 있다는 사실을 알고 나니 마음이 가벼워졌다. 타인 보다는 나를 조절할 수 있는 가능성이 더 높기 때문이다. 그들이 더 이상 미워 보이지도 않았다. 어떻게 하면 될지 방향 성이 보이니 두려움도 함께 사라졌다.

지금도 나는 수업시간 학생들의 집중도가 떨어지면 어떤 말도 하지 않고 눈을 감고 명상을 한다.

'내가 지금 무엇을 잘못하고 있는 것일까?'

잠시 쉼을 갖고 나면 무엇이 문제인지 원인이 보인다. 사전에 서로 사인을 맞춘 적은 없으나 우리 반 아이들은 내가 눈을 감으면 딱 알고 가만히 집중해준다.

"야! 선생님 명상하신다."

눈을 다시 뜬 나는 말한다.

"오늘도 선생님은 너희가 아닌, 선생님에게 원인이 있다는 것을 또 한 가지 발견했어. 선생님이 좀 더 노력할게!"

학생들에게 화내지 않고 미소 짓고 있는 나를 보여줄 수 있어서 감사할 따름이다. 가끔 나는 후배 선생님들이 학급 경영으로 힘들어할 때면 새내기 시절의 이 이야기와 현재의 수업시간 명상법을 들려준다.

"설마 교사인 저한테 문제가 있을까요?"

고개를 갸우뚱하며 이야기를 듣던 후배가 이야기가 무르익어갈 때쯤이면 따뜻한 미소를 보여준다.

"맞네요! 저한테 문제가 있었네요."

이럴 때, 그들이 참으로 고맙고 예뻐 보인다.

학교에서 일어나는 크고 작은 문제는 결코 한 가지 원인만으로 일어나지 않는다. 여러 요인들이 상호작용하는 속에서 문제가 발생한다. 그러나 분명 그 요인에 직간접적으로 교사 또한 해당된다. 비율의 많고 적음을 분석할 필요는 없다. 나 또한 원인 제공자가 될 수 있다는 것을 인정하기만 하면 된다.

이 인정에서부터 문제가 해결되어가는 것이다. 학생이 당면한 문제의 원인을 타인이 아닌 자신에게서 찾는 방법을 바로 눈앞의 교사에게 직접 배울 수 있도록 시범을 보여주면 어떨까?

질문으로
수수께끼를 풀다

'바로 이것이 원인이었구나!'

점심시간, 2년 동안 풀리지 않았던 수수께끼가 드디어 풀렸다. 그동안 이해되지 않았던 학생의 행동 원인을 드디어 발견했다.

한없이 교사를 잘 따르고 좋아하나 좀처럼 행동 교정이 일어나지 않는 한 친구가 있었다. 교사에 대한 호감이 높으면 행동의 변화가 빨리 나타나는 것이 흔한 일인데 이 친구에게는 그러한 상관관계가 나타나지 않았던 것이다.

교담 시간, 선생님께 혼났다는 말을 듣고 급식을 함께 먹으면서 평소처럼 한참 동안 이야기를 나누었다. 그러다가 문득 내가 하는 말을 잘 이해하고 있는지 궁금했다. 그래서 대화 중간중간 계속해서 물었다.

"여기까지 나눈 이야기 중에서 가장 기억나는 말이 뭐야?"

나의 질문에 대한 그 친구의 답은 놀라웠다.

"너는 변화될 수 있어."
"생각을 바꾸면 누구나 할 수 있어. 너도 할 수 있어."
"기억할 수 있지?"
"너, 참 괜찮은 친구야!"
"선생님 눈을 바라봐!"

이 친구는 현재 행동을 개선시키기 위해 어떠한 노력을 해야 하고, 어떤 일을 할 수 있는지에 대한 내용보다 행동 강화를 위한 격려만을 집중해서 듣고 있었던 것이다. 그야말로 우연히 건넨 질문 덕분에 드디어 문제의 원인을 찾게 되었다.

졸업 전까지 아직 두 달가량 시간이 허락되어 있다. 지금도 늦지 않았다. 원인을 알았으니 지금부터는 방법을 달리해 보리라. 무엇부터 시도해볼까?

교사의 두려움은
학생의 자율성을 막는다

자전거로 등하교 하던 아들의 귀가 시간이 늦어져 슬슬 걱정되던 찰나, 현관을 들어서는 아들을 보니 무척 반가웠다. 다소 지쳐 있는 얼굴이었다.

"오늘 늦었네."
"아, 힘들어. 오늘 자전거 타고 다니는 아이들만 남아서 시청각실에서 안전교육을 받았어요. 저 내일부터 자전거 안 타고 그냥 준서랑 걸어 다닐래요."

하교 후 별도로 특별교육을 받은 것이 못마땅한 듯도 했지만, 교육을 통해 자전거 통학의 위험성을 충분히 알았는지 그토록 자전거의 편리성만을 고집하던 아들이 자전거가 생명을 위협할 수 있다는 것에 대해 드디어 눈을 뜬 듯했다. 엄마의 잔소리보다 전문가의 안전교육이 효과가 있었나 보다.

때마침 다음 날에 교직원회의가 열렸다. 안건은 '바퀴 달린 운동화를 어떻게 안 신게 지도할 수 있을까?'와 '학습만화만을 편독하는 학생들이 증가하는데 대출을 금지시키고 도서관 내에서만 읽을 수 있도록 하면 어떨까?'에 대한 내용이었다. 학생들의 안전을 위협하고 있는 휠 운동화 관련 사고들과 편독하는 독서습관이 가져오는 문제점에 대한 이야기가 오랜 시간 오고 갔다.

문득 어제 아들과 나눈 대화가 떠올랐다. 다양한 각도에서 현상을 바라볼 수 있도록 한 안전교육이 학생들의 자발적인 행동 변화를 이끌지 않았는가? 학습만화에 몰입해본 경험이 긴 줄글에 대한 매력을 맛볼 수 있도록 하는 계기가 될 수는 없을까? 만약 아들이 이곳에 있다면 손을 번쩍 들고 이렇게 질문하지 않았을까?

"선생님, 부정적 시각으로만 보고 강압적으로 못하게만 하면 저희가 과연 안 할까요?"

학생들을 대신하여 내가 손을 들었는지도 모른다. 그리고 떠오른 몇 가지 생각들을 말씀드렸다. 흰 운동화를 공포의 대상으로만 몰아가기보다는 왜 신고 싶은지, 신었을 때 어떤 점이 좋은지, 좋은 점을 다른 방법으로 바꿀 수는 없는지, 우리에게 해로운 점은 없는지, 어른들은 어떤 점을 우려하는지, 신발을 만든 사람의 의도는 무엇이고, 그가 놓치고 있었던 부분은 무엇인지 등 끝없는 대화거리를 학생들에게 제공해주는 기회로 만들어보자고 이야기했다.

우리는 안전교육과 관련한 학생지도를 할 때, 공포와 두려움의 관점으로 현상에 접근하는 우를 범할 때가 종종 있다. 공포와 두려움을 알려주는 것만이 안전교육의 목적이 아니라는 것을 알고는 있지만, 학생들을 보호해야 한다는 막중한 책임과 의무에 갇히면 사고가 경직되고 만다.

현상을 좋고 나쁨의 잣대로만 해석하고 평가할 때에 수반되는 경직된 사고는 분명 학생들의 무한한 가능성을 차단해버릴 수 있다는 메시지를 전하고 싶었다. 어디선가 "아하!" 하는 소리도 들려왔다. 엷은 미소가 보이기도 했다. 고개를 끄덕이는 분들도 있었다. 잠시 후 사회자가 제안을 했다.

"이 자리에서 성급하게 단정 짓는 것이 현명하지 않을 수도 있겠네요. 지금 여기서 하나의 방법을 결정하지 말고, 선생님들께서 오늘 회의 내용을 생각하면서 학생들과 차분하게 이야기 나누는 시간을 가져보면 어떨까요?"

"좋아요!"

사회자의 제안에 모두들 동의하였다. 교사 개개인의 전문성과 자율성을 최대한 발휘해서 학생들에게 안전교육을 시킬 수 있는 기회로 삼아보자는 제안에 동참한 것이다.

안전교육이라 하면 떠오르는 공포와 두려움의 대상이 될 수 있는 것들에 대해 다양한 각도에서 질문을 던져서 현상의 원인들을 학생들과 함께 찾아보자. 그리고 해결할 수 있는 구체적인 실천 방법들에 대해서도 토의해보자.

교직원 간의 소통,
어떻게 시작해볼까?

"얼굴이 많이 안 좋아 보이네. 무슨 일 있어?"

옆 반 선생님 표정이 많이 어두워 보인다. '행여 내가 감당하지 못할 큰 고민을 말하면 어떻게 반응하지' 하는 과한 걱정을 내려놓고 용기를 내어 조심스레 한마디 건넨다. 그러자 최근 학급에서 일어난 일로 인한 고민거리를 하나씩 풀어내시더니 금세 밝은 얼굴로 바뀐다.

"은주 선생님 생각이 궁금해요. 선생님은 어떻게 생각하세요?"

교직원회의에서 다른 학년이라 둘만의 오붓한 대화를 나눠본 적이 없는 은주 선생님께 용기 내서 먼저 한마디 건넨다. 주로 조용히 듣는 것이 편하다고 말씀하시던 선생님께서 자신의 생각을 거침없이 뿜어낸다. 자신의 이름을 지명하면서 의견을 물어봐준 덕분에 자신의 이야기를 편하게 할 수 있었다는 솔직한 심정까지 털어놓는다.

"선생님, 다음에 만날 때 무엇을 하고 싶으세요?"

내성적이라 자신의 생각을 표현하는 것을 주저할지도 모른다는 편견을 떨쳐내고 용기 내어 선생님께 한마디 건넨다. 말이 끝나기가 무섭게 한 학기 동안 나누고 싶은 주제에 대해 자세하게 말씀하신다.

대화 주제에 대한 공통된 합의만 순조롭게 되었다면 가벼운 언어로 건네는 부드러운 터치가 대화의 문을 열게 하고, 당당하게 자신의 생각을 펼칠 수 있도록 돕는다는 것을 여러 경험들을 통해 발견하게 되었다.

작년에 이어 올해에도 크고 작은 연구 모임에서 참여자 모두가 주체가 될 수 있는 회의 방법들에 대해 고민하고 있다. 한 사람이 독점적으로 대화를 이끌어가지 않기 위해 매 회의 때마다 사회자를 바꾸면서 그 변화 과정을 관찰하고 있다. 사회자가 질문의 형태로 회의를 이끌어갈 수 있도록 그라운드 룰도 정했다. 확실한 효과가 보인다.

이러한 효과가 과연 회의 규칙들로 인한 것일까? 모두가 적극적으로 자신의 소리를 낼 수 있도록 하기 위해 우리가 노력해보자는 공통된 마음과 강한 의지, 그리고 실천하는 태도가 활기찬 회의 문화를 만들어낸 게 아닐까?

교직원 간의 토론하는 문화를 만들기 위해서는 원만한 관계가 우선시 되어야 한다. 관계를 위해서는 무엇보다 '옳고 그름'이 아닌 '서로 다름'의 시각에서 상황들을 바라보려는 노력을 통해 무의식중에 내 안에 자리하고 있는 편견과 직접적으로 대면할 용기가 필요하다.

5장 학생자치는 교사자치에서 시작된다

회의를 위한
규칙 만들기

"선생님, 신규 교무부장 역량강화 연수를 기획하고 있는데,
교직원회의 진행 방법에 대한 강의를 부탁드려도 될까요?"

연수원의 연구사님께서 전화를 하셨다. 학생자치활동의
큰 줄기로 '회의 비법'이라는 이름으로 학생들을 대상으로
회의 방법과 관련하여 교육하고 있으나, 성인 학습자를 대상
으로는 전문 컨설팅업체 강사가 더 적합하지 않을까 싶어 선
뜻 답하지 못하였다. 연수 기획 의도와 관련한 몇 가지 궁금
한 점을 여쭤보고 잠시 생각할 시간을 요청하며 전화를 끊

었다. 생각할 시간이 필요하다는 말씀을 드리는 순간부터 난 스스로에게 질문을 던지고 있었다.

'과연 나는 회의와 관련하여 동료교사들과 나누고자 하는 바가 뚜렷한가? 그렇다면 학생들이 진행하는 회의와 교사들의 회의가 구별되는 점은 무엇인가? 학생회의에서 민주적이고 합리적인 의사소통이 이루어지기 위해 사용되고 있는 회의 기술과 도구들을 과연 교직원회의에서 효율적으로 적용할 수 있을까?'

떠오른 질문에 하나씩 답하다 보니 그리 오랜 시간이 걸리지 않고 결정을 내릴 수 있었다. 빠른 결정이 가능했던 이유는 외부 전문 강사보다 내가 잘할 수 있다 생각해서가 아니다. 교사보다 교사문화를 더 잘 알고 있는 전문가는 없다는 연구사님의 말씀에 전적으로 동의했고, 무엇보다 학생회의와 교사회의가 다르지 않다는 확신이 들었기 때문이다.

오히려 열린 회의 문화를 만들어가는 데 있어서는 교사들이 학생들에게 배울 부분이 더 많다는 생각도 들었다. 편견없이 객관적으로 현상을 읽어내고 문제의 원인을 찾아내는 능력은 학생들이 더 탁월하다.

다양한 회의 툴과 방법을 알고 있다고 해서 회의가 잘 진

261

행되는 것은 아니다. 그러나 회의의 툴과 방법을 제대로 이
해하고 있으면 의사소통 시 누락되거나 중복되는 부분을 최
소화할 수 있고, 시행착오를 줄이면서 가능한 한 많은 조직
구성원들의 목소리를 조직 활동에 반영할 수 있다는 장점이
있다.

　그런데 회의 툴과 방법을 배우기 앞서 빠뜨려서는 안 될
중요한 한 가지가 있다. 연초 모든 구성원들이 함께 모여 회
의를 위한 회의 규칙을 합의하는 것이다. 그것이 바로 '대화
에티켓'이 된다. 대화 에티켓은 학생들에게만 가르쳐야 하는
예절이 아니다. 교사들도 알아야 한다. 교사들 자신이 직접
실천해보고 경험해볼 때라야 학생들에게 제대로 지도할 수
있는 힘이 생기지 않을까?

　경청하기 위해 우리가 행동 규칙으로 합의할 것은 무엇이
고, 상대방에게 어떤 형식으로 질문해야 주장과 협박이 아
닌 진짜 질문이 될 수 있는지, 상대방의 의견에 오해 없이
반응할 수 있는 방법에는 어떤 것이 있는지, 발언 시간을 최
소화하기 위해 어떤 형식으로 이야기를 해야 하는지, 발언
순서가 패턴화되지 않기 위해서 합의할 점은 무엇인지 등을
사전에 충분히 이야기 나눠야 한다.

"바빠서 사안별로 어떤 회의 툴과 방법을 사용할 것인지 알아가는 것도 벅찬데 언제 이런 시간을 가질 수 있어요?"

이런 말을 하는 분도 있다. 그러나 1년간 회의의 효율성을 높이기 위해 진중하게 교직원들과 회의 규칙들을 함께 합의해보는 기회를 갖는다면 분명 효율적인 회의 시간 관리뿐 아니라 교직원 간의 친목 도모까지 연결됨을 경험하게 될 것이다.

회의 규칙 소개
- 참석자의 80% 동의를 통해 의사결정이 이뤄진다.
- 한 사람이 ○분 이상 발언하지 않는다.
- 각자 생각할 시간을 가진 후 발언하도록 한다.
- 회의 내용을 기록하면서 진행한다.
- 회의가 마무리되면 회의록을 낭독하여 최종 동의를 거친다.
- 회의 진행 시간은 한 시간을 넘지 않는다.

학교 공개 워크숍이
알려준 것

"선생님들 사시는 모습이 참 좋아 보여요."

지난 수요일 혁신학교 4년 차 학교 공개가 있었다. 분임 워크숍을 끝내고 돌아가시던 한 선생님께서 다가오시더니 다정하게 말씀해주신다. 이 짧은 한마디가 우리가 전하고자 하는 메시지가 잘 전달되었다는 의미인 것 같아 기분이 좋았다.

공교육 속 혁신학교의 틀을 만들어가는 과정이라 아직은 내외적으로 장애요인들이 많다. 개선해야 할 점들도 곳곳에

널려 있다. 서로 시선의 높이가 다르다 보니 합의하는 과정에서 생기는 갈등을 지혜롭게 해결할 수 있는 방법들을 정교화하는 작업도 필요하다. 해가 바뀌어 구성원들이 바뀌더라도 지금의 유의미한 교육활동들이 지속적으로 운영되기 위해서는 시스템화 작업에도 관심을 가져야 한다.

'학교 공개'라는 타이틀로 운영된 워크숍이었지만, 우리를 보여주는 과정에서 타인의 시선으로 우리의 한계점을 객관적으로 인식해보는 기회를 갖지 않았나 싶다. 자기 자신을 객관적으로 들여다보는 것은 결코 쉬운 일이 아니다. 우리는 타인의 힘을 빌려 우리 교육활동의 타당성과 효과성, 효율성을 진단해보고, 이를 우리의 언어로 객관화하는 일을 '학교 공개 워크숍'을 통해 이뤄낸 것이다. 관심을 갖고 방문해주신 분들 덕분에 우리가 해낼 수 있었던 또 하나의 큰 성과였다.

워크숍에서 한 선생님이 질문하셨다.

"가장 보람 있었던 순간은 언제신가요?"

공개 워크숍에 참여한 분들이 한 10개가 넘는 질문 중에서 나는 당연 이를 베스트 질문으로 꼽는다. 우리는 이 워크숍을 통해서 방문하신 선생님들께 희망을 노래하고 싶었다.

비록 현실적 장애물들이 많겠지만 올바름에 대한 확신을 갖고 자신만의 고유한 방법을 찾아 도전해본다면 그동안 미처 발견하지 못했던 또 하나의 희망과 기쁨을 경험하게 될 것이라는 메시지를 전하고 싶었다.

오늘도 나는 희망과 기쁨의 보물을 찾으러 학교로 떠난다.

워크숍 진행 과정

1. 책상 배치는 둥그렇게 하고, 음악이 흐르게 한다.
2. 꽃을 중앙에 두는 것도 편안한 대화 분위기를 만들어줄 수 있다.
3. 포스트잇과 네임펜을 테이블에 둔다.
4. 워크숍 참여자는 나누고 싶은 주제 또는 질문을 포스트잇에 적어 진행자에게 준다.
5. 포스트잇을 칠판에 붙여 구조화한 후, 모든 교사가 고르게 답변을 할 수 있도록 역할 분담을 한다(이 과정에서 '협업'의 자연스러움을 엿볼 수 있다).

행복한
수업 탐구 공동체

"선생님, 같이 공부하지 않으실래요?"

공적인 만남을 통해 만들어진 인연이 일단락되어갈 무렵, 좀 더 깊이 있는 만남을 이어가고 싶을 때에 내가 건네는 프러포즈이다. 이 제안을 던졌을 때 돌아오는 답변은 두 가지다. "무엇을 공부하는데요?"와 "좋아요!"다.

짧은 경험이지만 아직까지 전자와 같이 말씀하신 분들과는 인연이 이어지지는 못했다. 반면에 바로 "좋아요"라고 말씀하신 분들과는 알고 지내온 시간이 무색할 정도로 빠른 속도로 깊고 아름다운 관계가 형성되는 것을 경험했다. 정기적으로 열리는 공부 모임을 통해 "좋아요"라고 답하는 분은 '무엇을'보다는 '공부하는 행위' 자체나 '함께하고 싶은 마음'에 더 집중한다는 것을 알았다.

이러한 영업 전략으로 형성된 조직이 바로 2주에 한 번씩 만남을 갖고 있는 수업 탐구 공동체이다. 의도치 않게 내가 영업부장 역할을 맡았다. 연결고리는 비록 나로 시작됐지만 결이 비슷한 사람들의 모임이라서 그런지 수석교사, 관리자, 교사 등 색깔도 다르고 관심 분야 또한 제각각인데도 금세 농담을 주고받는 언니, 동생이 되어버렸다.

2016년 학습연구년제 도전을 위해 서류를 준비하다가 내가 신규시절부터 17년 동안 학생 또는 교사들과 함께 30여 개의 동아리와 연구회를 운영했다는 것을 알게 되었다. 그리고 매번 회장 또는 한 명이 연구 주제를 정해 계획서를 작성하고, 그 계획에 맞춰 개별 연구 활동을 하고 연말에 결과물만 모아 최종 결과 보고서를 제출하는 방식으로 해왔다는 사실 또한 알게 되었다.

2018년 초, 교육청에서 배부된 공문에서 우연히 '전문

전문적 학습 공동체 연구 활동

적 학습 공동체'라는 낯선 단어를 만나면서 연구회 운영 방법에 큰 변화가 찾아왔다. 낯설면서도 왠지 모를 끌림에 가만히 '전문적 학습 공동체'라는 합성어 속의 '전문적', '학습', '공동체'라는 단어의 의미에 대해 진지하게 고민해본 것이다. 그러자 교사 동아리 또는 연구모임을 바라보는 관점 변화가 자연스럽게 일어났다. 지식에 기초한 사유의 과정이 중요함을 깨닫게 되는 순간이기도 했다.

'왜 교사들이 서로 연결되어 공부해가야 하는가? 교사들의 특성을 반영했을 때, 우리는 어떻게 연결될 수 있는가?'

이 질문에 답을 하고 싶어 오랜 시간 이 질문을 깊게 품

고 살았다. 그 과정을 통해 교사 공동체 활동에서 함께하고
자 하는 마음과 열정만 있으면 무엇을 할 것인가는 관계 속
에서 자연스럽게 터져나온다는 것을 경험하게 되었다.

이러한 숙성된 사유와 경험은 연구 주제와 방법을 더 이
상 혼자 정하지 않으려고 하는 의식적인 행동 변화까지 만
들어냈다. 이제는 혼자 끙끙대다 뚝딱하고 만들어낸 결과물
과 회원들끼리 오고 가는 대화들이 얽히고설키는 과정에서
희노애락이 만들어낸 결과물을 구별해내고자 하는 바람까
지 심어주었다.

"나는 왜 이곳에만 오면 기분이 좋지?"

한 분께서 순간의 감정을 가볍게 툭 던지신다.

"왜일까요? 저도 그 이유가 궁금해요."

또 다른 분께서 덥석 미끼를 문다. 다들 깔깔깔 웃으면서
'도대체 무엇이 우리를 이리도 즐겁게 공부할 수 있도록 하
는가?' 잠시 생각해본다.

"이곳에 오면 모두가 존중받고 있다는 느낌을 받는 것 같
아요. 내가 소중한 존재라는 사실을 깨닫는 거죠."

"아마도 각자 해야 할 역할이 분명하다 보니 확실한 소속감을 갖게 해준 것 아닐까요? 2월 첫 모임에서 각자 모임에서 할 역할을 최대한 쪼개서 나눴던 것이 지금 와서 보니 참으로 잘한 일인 듯해요. 매달 모임 장소를 돌아가면서 정하는 것도, 사회자와 기록자가 순환하는 것도, 발제 내용을 모두가 참여할 수 있도록 고루 분배하는 것도 깊은 소속감을 느끼게 해줬어요."

"2월부터 4월까지 5차례 모임을 통해 연구 주제를 정하기 위해 함께 고민했던 시간 또한 우리를 단결시켜준 듯해요. 이야기하면 할수록 생각이 확장되다 보니 쉽게 주제가 모아지질 않아 긴 시간 동안 모호함을 함께 견뎌야 했던 것이 함께 공부해나가는 데 자산이 되지 않았을까요? 지금 우리는 그 어떤 모호함도 언젠가는 어떤 형태로든 완성될 수 있을 거라는 믿음이 생겼잖아요. 바로 서로에 대한 믿음이겠지만요."

"여기에서 공부하고 있는 것들이 생활에 실제적으로 도움을 준 것도 한몫한 것 같아요. 포스트잇과 네임펜을 활용해서 무임승차자 없이 의견을 모아가는 회의 진행 방법을 다른 곳에서 활용해 칭찬도 받고 효과도 좋았어요. 이곳에서 배우고 시도해본 것들이 내 삶의 질을 높여주고 있다는 생각이 자연스럽게 드니 빠지지 않고 오고 싶다는 마음이 생겼어요."

행복한 수업 탐구 교사 공동체

　순간의 느낌을 툭하고 던진 말에 이렇게 자신의 생각들을
줄줄이 내어놓는 모습을 보며 왕언니께서 결정적인 한 방으
로 행복한 수업 탐구 교사 공동체의 성공비결을 깔끔하게
정리해주신다.

　"우린 어떤 말을 해도 다 답해주고 지지해주잖아? 여기서는
무슨 말이든지 다 말해도 되니 하고 싶은 말 있으면 다 해."

　우리는 더 크게 깔깔깔 웃는다.

전문적 학습 공동체가 효율적으로 운영되기 위한 방법

1. 사전에 자체 회원만을 대상으로 한 워크숍을 진행하여 공동체를 운영하기 위한 팀워크를 다지고 그라운드 룰을 정한다(첫 모임 진행 시 외부 전문강사가 합리적 합의 도출이 가능토록 도울 수 있다).
2. 워크숍에서 전문적 학습 공동체 활동의 본질을 탐구하는 시간을 갖는다. '전문, 학습, 공동체, 수업, 탐구, 교사' 개념 숙의 과정을 통해 공동체의 비전과 장기 목표, 단기 목표를 설정해본다.
3. 공동체가 효율적으로 운영되기 위해 세부적으로 역할을 분담한다. 모두가 역할을 나눠 가질 수 있도록 한다.
   - 회장, 총무, 녹음, 녹음 내용 기록, 활동 촬영, 기록, 성찰 정리
   - 매달 회의 및 식사 장소를 돌아가면서 정하고 사전에 안내
4. 연구 과제와 연구 방법을 함께 설정한다. 연구 과제가 나오기까지의 모호함을 즐기면서 성급하게 결론을 도출하려고 하지 않는다.
5. 자체 워크숍에서 효율적인 회의 진행을 위한 포스트잇 사용법, 회의 진행 방법, 회의 기술 등을 익힐 수 있도록 한다.
6. 사회자와 기록자는 돌아가면서 하며, 모두가 고루 발언할 수 있도록 발언권을 독점하지 않는다.
7. 성찰의 시간을 꼭 갖고 헤어진다. 기록을 통해 밴드의 댓글로 작성해볼 수도 있고, 엽서를 활용하여 느린 우체통 방법으로 학습을 통해 성찰한 내용을 추후 읽어볼 수 있도록 해도 좋을 것이다.
8. 온라인과 오프라인 각각의 장점을 효율적으로 활용하여 활동을 진행한다.

워라밸 사회,
나는 어디쯤에 있을까?

"소파에 누워 있다가 갑자기 좋은 아이디어가 떠올랐어요.
우리 동아리 이름을 고민하면서 소통하는 오학년과 일학년의
앞 글자를 따서 고소한 오일, 어때요?"
"와~ 좋아요!"
"어쩜, 이리 좋은 생각을……"

일요일 오후, 수업 동아리 밴드에 글이 올라오자 댓글이
하나둘 달린다.

'먼저 주말에 쉬시는데 연락드린 점 양해 바랍니다. 수업 동아리 관련 연수를 진행하기 위해 협조 차 연락드립니다.'

짧은 문자를 보고 장학사님의 기획 의도에 몇 가지 의문이 생겨서 전화를 드렸더니 반가워하신다.

"선생님께서 전화를 주신 유일한 분이시네요."

최근 일과 삶의 균형을 뜻하는 '워라밸'의 중요성이 제기되면서 퇴근 후 또는 휴일에 업무 관련하여 연락하면 왠지 미안해지는 분위기다. 현시대 흐름에 비추어볼 때 이는 바쁜 현대인들의 바람을 담아낸 자연스러운 현상일지 모른다.

그러나 이러한 흐름에 편승하지 않은 우리 동아리 선생님들은 과연 어떤 분들이실까? 퇴근 후에도 교육활동과 관련하여 함께 공유하고 싶은 내용이나 아이디어가 떠오르면 언제든 편하게 단톡방에서 대화를 나누는 이분들의 공통점은 무엇일까? 이분들과 깊이 함께하고 있는 나는 과연 워라밸에 대해 어떤 생각을 하고 있는가?

문득 작년에 보았던 영화 〈완벽한 타인〉 엔딩 크레딧에 나온 '누구나 세 개의 삶을 산다. 공적인 삶, 개인적인 삶, 비밀의 삶'이라는 말이 떠오른다. 작년 가을 오래도록 생각을 머물게 했던 블랙코메디이다. 영화에 대한 잔상이 남아 송별회 파티에서 동학년 선생님들과 '공적인 삶과 개인적인 삶'에 대해 열띠게 토론했던 기억도 함께 떠오른다.

"저는 한 개인 안에서 공적인 삶과 개인적인 삶이 구분되지 않아야 일관성을 갖고 평온하게 살 수 있을 거라 생각해요. 교사로 서 있을 때와 한 인간으로 있을 때의 모습이 같아야 혼란스럽지 않고 단순하게 살 수 있지 않을까요? 이런 모습으로 성장해가는 과정 자체가 수행인 것 같기도 해요."

"교사로서의 삶을 공적인 삶이라 보았을 때, 학생들 앞에서 내가 편안할 수 있는 진짜 나로 살게 된다면 과연 교사로서의 역할을 제대로 할 수 있을까요? 교사로서 삶은 최선을 다해 모범적으로 살고, 개인적인 삶은 있는 그대로의 나로 편안하게 살아야 숨 쉬시면서 살 수 있을 것 같은데요. 굳이 둘을 일치시킬 필요가 있을까요? 일치시키지 않았을 때 활력을 줄 수 있을 것 같기도 한데요."

"학부모들과 만나면 불편해요. 개인으로서의 나를 나타내기보다는 공적인 나로 모범적인 교사의 모습을 보여줘야 할 것 같아서 불편한지도 모르겠어요."

오랜 시간 다양한 이야기들이 오갔고 서로의 가치관이 다름을 인정하면서 즐거운 분위기로 토론 주제에 대한 엔딩을 찍었다. 서로가 서로를 설득시키지 못하고 진행형으로 마무리된 토론에 대한 아쉬움이 여전히 남아서일까? 아니면 내가 꿈꾸는 '통합된 나'를 만들어가는 삶이 주는 효용성을 좀 더 쉬운 언어로 표현해내지 못한 아쉬움 때문일까? '공적인 나'와 '사적인 나'의 관계에 대해 계속해서 생각해보게 된다.

일과 후에도 공적인 일로도 편하게 소통하고 있는 동아리 선생님들의 모습을 워라밸과 연결점을 가질 수 있는 '공적인 나'와 '사적인 나'의 관계로 해석해볼 방법이 없을까? 이런 의문을 갖다 보니 우리 동아리 선생님들의 삶의 모습을 좀 더 면밀히 들여다보게 됐다. 그러다 문득 몇 가지 공통점을 발견했다.

다양한 연구 활동을 통해 교사로서 하고 있는 교육활동의 질이 조금씩 향상되니 한 개인으로서 만족감과 성취감을 느끼시는 모습이 보인다. 공적인 나의 발전이 사적인 나에게 영향을 준 것이다. 만족감과 성취감이 지속적으로 강화되니 공적인 나와 사적인 나의 경계가 허물어지는 듯하다.

일과 후에도 일부러 교육활동 구상을 하려고 애쓰는 것은 아니다. 몸은 편안하게 소파에 머물러 있지만 생각은 즐거운 상상을 하고 계신다. 시공간을 초월한 자신만의 즐거운 상상을 하고 계시는 것이다. 단지 그 상상의 주제가 교육활동일 뿐이다.

이 과정이 반복되다 보면 언젠가는 교사로서의 삶과 한 개인으로서의 삶의 균형의 아름다움을 맛보시겠지? 아니, 이미 많은 분들께서 맛보고 계신지도 모르겠다.

공적인 나와 사적인 나의 경계를 무너뜨리는 경험이 누구나 마음먹는다고 될 정도로 쉬운 과정은 아닐 것이다. 그러나 내 경험에 비추어 보면 '내가 꿈꾸는 삶의 모습은 어떤 모습이지? 나는 어떻게 살고 있지? 나는 내 스스로에게 진실하게 살아가고 있나?'를 물을 때마다 공적인 나와 사적인 나의 간격이 조금씩 좁혀지는 느낌을 받게 될 것이다.

설득과 타협으로
균형 이루기

중용이란 과하지도 부족하지도 않은 그 중간의 조화로운 한 지점이라고 알던 때가 있다. 한쪽으로 치우치지 않은 지점을 잘 찾아 균형을 이루면서 살아가는 중용의 길 자체를 수행이라 여기면서 말이다.

5~6년 전, 중용은 과함과 부족함 사이의 균형을 이룬 오묘한 중간 지점이 아닌 중용이란 길 자체가 따로 존재한다는 말을 들었다. 이 해석은 순간적으로 내게 평화와 안정을 가져다주었다. 과함과 부족함을 동시에 느끼면서 이 둘의 조

화를 만들어내는 것이 아니라 균형을 이룬 길이 별도로 존재한다고 생각하니 마음이 가벼워졌다.

중용이라는 길이 갖는 특성 몇 가지만 제대로 이해하면 나 또한 큰 어려움 없이 그렇게 살 수 있지 않을까 싶고, 나도 쉽게 도전해볼 수 있을 것 같다는 생각이 들었다. 마치 그동안 주관식으로 답해야 했던 문제를 객관식으로 푸는 듯한 가뿐함이라 해야 할까?

"자기 자신의 마음을 제대로 조절하지 못하면 결코 타인을 설득할 수 없다."

얼마 전 들은 말이다. 책 속에 나오는 평범한 말을 강한 힘을 담은 입술을 통해 들으니 특별하게 다가왔다. 옳은 말씀이다. 타인과 나를 비교했을 때, 내 자신을 조절하는 것이 더 쉬운 것은 당연한 사실이다.

완벽한 설득으로 순간적으로 동기부여가 되니 당장 실천할 수 있을 줄 알았다. 그러나 타인과 비교할 수 없는 높은 산이 내 안에 턱하니 자리하고 있었다. 그것도 한 명이 아닌 수십 명이 말이다. 그들은 종종 한꺼번에 나타나 나를 혼란스럽게 만들어 균형을 깨뜨려버렸다. 수십 명을 설득시키면서 타협을 이끌어내서 균형을 다시 잡아가는 것은 결코 쉬운 일이 아니다.

오늘 아침 읽었던 책이 하루 동안 많은 생각을 하게 한다. 네 발 자전거에서 두 발을 떼면서 새로운 무대를 경험하게 될 딸에게 선물한다는 메시지로 시작하는 《균형》이라는 짧은 그림책이다. 균형을 이루기 위해서는 집중과 연습, 노력, 믿음이 필요하다는 스토리로 다가왔다. 자신을 비난하고 질책하는 자기와의 싸움을 통해서는 결코 균형을 이룰 수 없기에 더 친절하게 설득하고 타협을 잘 이끌어내야겠다는 생각을 하게 된다.

설득과 타협? 내가 좋아하는 방법이다. 매일 학교에서 학생들에게 이 방법을 가르치고 있는 내가 아닌가? 설득과 타협의 목적과 방법은 사랑이어야 한다면서, 끊임없이 질문해야 한다면서 말이다.

그래서 나는 '균형'을 이룬 삶을 살아가기 위해, 내 존재 자체가 갖는 의미와 무한한 가능성을 기억해내면서 나를 제대로 사랑하는 연습을 다시 시작한다. 그리고 나에게 묻는다.

'네가 말하는 균형이란 뭐야?'
'네가 균형을 이루고 싶은 이유가 뭐야?'

교장선생님이 인생 선배가
될 수 있을까?

교직문화는 선후배가 긴밀하게 연결될 수밖에 없는 조직이다. 교직 경력 20년이 막 넘어가는 시기가 되다 보니 이제는 선배도 보이고 후배도 보인다. 어느덧 내가 그들의 중간 연결자로서 자리하고 있는 현 위치가 눈에 들어온다.

5년 전만 해도 교장, 교감선생님을 무척 어려운 존재로 여기곤 했다. 그러나 학생자치활동을 통해 교사자치의 중요성을 인식하고 '어떻게 하면 주체적인 나로 잘 살 수 있을 것인가?'에 관심을 갖다 보니 선후배할 것 없이 우리 모두가 긴

인생 여정을 함께 살아가는 동반자로 여겨지고 불편한 존재가 아니라는 것을 깨닫게 된다. 그리고 이렇게 되기에 영향을 주신 분이 계시다.

퇴근길 불 켜진 교실로 전화하셔서 "빨리 퇴근하소."가 아닌 "뭐를 그리 재미있게 하고 계신가?" 말씀하셨던 교장선생님. 그분은 현재를 살아가는 것이 얼마나 흥미진진하고 즐거운가를 함께 느끼고 나눠주셨다. 자신만 모르는 자신에 대해 말씀해주시면서 잔잔한 미소와 용기, 그리고 가능성을 활짝 열어주셨던 분이다.

"교장선생님, 어떻게 사는 것이 잘 사는 것일까요? 그래서 학습연구년제를 해보려고요. 미리 정년 이후의 삶을 경험해볼까 해서요. 1년 동안 제가 진정 좋아하는 것을 찾아 굴러다니다 올게요!"

이런 나를 묵묵히 지지해주시던 분. 그분께서 8월에 정년퇴임하신다. 정년퇴임을 앞두신 교장선생님께서는 지금도 그 모습 그대로였다. 지금 이 시기만 보이고 느껴지는 것들을 정성껏 풀어내주셨다. 퇴임식은 4년마다 학교를 옮기면 줄곧 해왔던 송별회 중 하나라 하셨다. 단지 장소만 학교가 아닌 사회로 옮겼을 뿐 특별한 것이 아니라 하셨다. 정년을 앞

둔 시기에 다가오는 감정들, 그리고 아직은 가보지 않으셨지만 주위 선배들께 들은 정년 이후 삶의 패턴과 생각의 변화들을 사진 몇 장과 함께 가만히 들려주셨다.

"교장선생님, 조금은 알 것 같아요! 어떻게 살아야 하는지를요. 이제는 정년 이후의 삶이 두렵지 않아요. 이토록 좋아하는 학교를 떠날 때를 두려워할 필요가 없더라고요. 현재를 충실하게 살아가는 습관이 중요한 것 같아요. 그러면 그 언젠가 다가올 그때도 지금처럼 있는 그대로 기꺼이 수용하며 살수 있을 것 같아요!"

아직 가보지 않은 길이라 흐릿하기는 했지만 고요하게 들려주시는 그 음성을 따라 가다보니 언젠가 나 또한 만나게 될 길이라 여겨져서인지 결코 낯설지만은 않다. 오늘 아침도 내가 서 있는 이곳이 어디인지를 묻는 상쾌한 바람이 불어온다.

교장, 교감선생님은 관리자 위치에 있기에 친근함보다는 불편함이 느껴지는 게 사실이다. 그러나 공동체를 운영하는 과정에서 서로 맡은 역할이 다를 뿐 가깝게 지내고 있는 옆 반 선배님처럼 교직 선배라는 관점으로 바라볼 수 있다면 분명 지금보다 확장된 경험을 함께 나눌 수 있을 것이다.

6

이런 정책,
우리 함께
만들어볼까요?

참여와 소통

학생자치활동 활성화 정책 제안

교사자치문화 활성화 정책 제안

학사력에 자치활동
1년 계획 세우기

"한 학기에 두 차례, 20여 명의 학부모님들과 간담회를 하고 학교에서 급식을 함께 먹고 헤어집니다. 학부모님들과 대화를 나누다 보면 학생들의 솔직한 이야기를 학부모님들의 입을 빌려서 듣고 있는 것 같아요."

우연한 기회에 중학교 교장선생님과 저녁 식사를 하면서 자치활동 활성화를 위한 노력의 일환인 학교장과 학생, 학부모 간담회 실천 사례를 들을 수 있었다.

내가 그리던 간담회 모습이 바로 이것이다. 명패를 단 소수 임원진으로 구성된 특별 집단이 아닌 학교장과 교육활동에 대해 진지하게 이야기를 나누고 싶으면 누구나 사전에 안내된 날짜와 시간에 대화하는 자리에서 만날 수 있는 간담회 말이다.

학교 밖 근사한 식당에서 학부모님들과 식사를 하면서 그 누군가는 대접받는 자리가 아니라 학생들이 매일 먹는 급식을 함께 먹으면서 진정 그들이 무엇을 위해 이곳에 있는가에 대해 헤어지는 순간까지 냉철하게 고민할 수 있는 자리가 진짜 간담회인지도 모른다.

"올해 교장이 되면서 '학사력'에 학생과 학부모 간담회 일정을 넣었어요. 내년이 되면 혹 하기 싫은 마음이 들어 형식적으로 할까 봐 올해부터 바로 학사력에 못 박아 실천하고 있네요."

교장선생님께서 '학사력'이라는 단어를 강조하시는데 내가 기존에 이해하고 있는 학사력과 분명 의미가 달랐다. 교장선생님께서 말씀하시는 학사력의 의미는 무엇일까? 간담회 일정을 학사력에 넣었다는 것이 무엇을 의미하는 것인가? 학사력에 대해 서로 미묘하게 다른 이해를 제대로 규명해내고 싶은 마음에 촉수를 더 민감하게 세우고 교장선생님께 몇 가지 질문을 더 했다.

> "교장선생님, 간담회 일정을 꼭 학사력에 넣을 필요가 있을까요? 학교 행사나 상황에 따라 달라질 수 있으니 월중 행사에 넣어도 되지 않나요?"

학사력과 월중 행사 중 어디에 기록하든지 실행한다는 것이 중요하지, 군이 학사력에 넣은 것을 강조하신 이유가 무엇일까? 우리는 어떤 내용을 학사력에 담고 있는가? 학생, 교사, 학부모 간의 '우리 이 시기에 이런 활동만은 꼭 함께 합시다!' 하는 강한 약속들을 담는다. 학교경영 철학에 근거한 교육활동에 대한 교사들의 실천 의지를 담아낸 표식으로써 학사력을 제작하여 배부하고 있다.

맞구나! 학사력에 학생과 학부모와의 간담회 일정을 기록한다는 것이 주는 의미가 분명 특별할 수 있겠구나! 학생들과 학부모님들의 의견을 적극 반영하여 학교를 운영해보려는 강한 의지를 구체적인 행동으로 보여준 것이기 때문이다. 우리 아이들의 현재와 미래를 위해 우리가 지금 당장 실천할 수 있는 일들을 미리 계획하고 도전해보겠다는 의지를 강하게 내비친 결과물인 것이다.

나는 무언가를 해야 할까 말까 고민할 때 우선 할 수밖에 없는 상황으로 만들어버리곤 한다. 누군가 앞에서 하고 싶다는 의향을 표현한다든가 대략적인 로드맵을 선포하는 식으로 말이다.

한 선생님께서도 프로젝트 활동으로 교육과정 재구성을 기필코 실천해야겠다고 다짐한 후 연초 학부모들에게 수행평가 안내 자료에 구상하고 있던 프로그램 진행 내용을 기록하여 배부했다고 한다. 그렇게라도 강제적인 환경을 만들어야 자신이 움직일 것 같았기 때문이라 하셨다.

이처럼 자신의 약점을 알고 이를 극복하기 위한 노력과 도전에 큰 박수를 보내고 싶다. 일단 한 발짝만 뛰어보시라. 그러면 몸이 함께 움직이기 시작할 것이다.

방학을 앞두고 많은 학교들에서 한 학기 교육활동을 반성하고 새로운 학기 교육과정을 설계하는 자리를 갖고 있다. 의례적으로 해왔던 학사력에 대한 의미를 다시 한번 짚어보면서 학사력에 학생 및 교사, 학부모 자치활동과 관련된 구체적인 활동을 계획하여 반영하거나 자치활동 학사력을 별도로 제작하여 자치활동 활성화를 꾀하는 방안에 대해서 진지하게 이야기 나눠보면 어떨까 제안해본다.

학교에서 자치활동이 일관성을 가지고 실천되기 위해서는 연초에 1년간의 활동 계획을 수립하는 것이 무엇보다 중요하다. 후보자 교실, 공약 심의위원회, 학생자치역량 강화 워크숍, 안건 선정위원회, 학급자치의 날, 학년자치의 날, 학교자치의 날, 자치부장 간담회 등 자치활동 관련 행사 계획을 세워 '학생자치 활동 학사력'에 담아보면 어떨까? 학급 또는 학년, 학교 임원 선거 공약에 '학사력'에 넣을 수 있는 활동을 계획하도록 해보면 어떨까?

학생자치역량 강화 워크숍과
교사연수를 함께한다면

"저희 학교는 학생 수가 많아서 한자리 모임이 불가능해요.
학생자치활동이 무리인 거죠."

"저희 학교 선생님들께서는 학생자치활동에 관심이 없으
세요. 솔직히 초등학생들 스스로 무언가를 계획하고 실천
한다는 것은 불가능한 일이지 않나요?"

"하교 후에는 학생들이 학원 가느라 바빠요. 회의할 시간을
만들 수가 없어요."

"자치 업무를 맡고 있는 제가 올해 저학년 담임이라서 중간
놀이시간조차도 학생자치 회의를 진행할 수가 없어요."

"교장선생님께서 학생들이 회의해서 결정한 내용을 자꾸 바꾸셔서 학생들에게 신뢰감을 줄 수 없는 상황이 매번 발생하니 제가 중간에서 어떻게 해야 할지 모르겠어요."

"한 달에 한 번씩 전교어린이회의를 한다고 해서 학교가 바뀌겠어요? 전교어린이회의는 형식상 이루어지고 있는 전시 행정의 한 단면을 보여주고 있다고 생각해요."

2009 개정 교육과정에서 창의적 체험활동의 자율활동, 봉사활동, 동아리활동, 진로활동 영역에서뿐 아니라 각 교과활동에서도 학생자치활동의 중요성이 강조되고 있다. 학생 스스로가 자율적인 참여를 통해 주도적으로 활동을 전개해가는 과정에서 민주시민으로 성장하기 위한 자기관리역량, 의사소통역량, 공동체역량 등을 키워갈 수 있도록 장려하지만 학교현장에서 학생자치활동이 펼쳐질 수 없는 이유들을 찾아보면 수없이 많다.

분명 학생자치활동이 학교현장에서 활발하게 구현되기 위해서는 학교장의 적극적인 관심과 지원, 교사의 학생인권에 기초한 학생 존중과 자치의 중요성 인식, 학생들의 적극적인 도전과 실천 등이 절대적으로 필요하다.

이 모두가 조화를 이뤄야만 학생 중심 자치문화가 꽃을 피우겠지만 한정된 인적 물적 자원을 활용하여 효율성과 효과성을 높여야 하는 초기 단계에서는 학생들의 자치활동을 지원할 수 있는 인식 수준과 안목을 높일 수 있는 교사연수가 실시되어 학생자치활동에 대한 시선을 함께 높여가는 것이 무엇보다 중요하다.

그러나 현실에서는 교육청 차원에서 자치 업무 담당자만을 대상으로 한 일회성 강의뿐이다. 교사들의 학생자치 지도 역량을 강화시켜줄 수 있는 직접적인 지원이 이루어지지 못하다 보니 학생자치활동이란 무엇이고, 학교생활할 때나 공부할 때 어떻게 활용될 수 있는지, 어떤 공간에서 누구와 언제 함께 할 수 있는지, 누가 어떤 방법으로 자치활동을 지원해줄 수 있고, 어떠한 방법으로 시간의 한계를 극복하고 아이디어를 수렴하여 합리적으로 의사결정을 할 수 있는지, 결정된 사항을 어떤 방법으로 팀원들이 적극적으로 함께 실천할 수 있는지 등을 학생들에게 학생들의 언어로 교육하는데에 어려움을 느끼고 있다.

학생 중심 자치문화에 한 발짝 다가가기 위해 실현 가능한 것부터 찾아 고민하는 과정에서 좋은 프로그램을 발견했다. 학생 대상 워크숍 진행 과정 참관을 교사연수로 기획하여 학생과 교사 모두에게 학생자치활동에 대한 공통된 이해를 가져와 실천의 동력을 이끌어낸 연수 프로그램이다.

교사들이 참관한 학생자치역량 강화 워크숍

이 프로그램은 '민주학교' 총 기획을 맡고 있는 연구부장과 교사연수 담당 교사, 학생자치 업무를 담당하신 세 분의 합작품이다. '학생자치를 알면 우리가 학교의 리더가 될 수 있어요'라는 주제로 학년별 학급 임원들을 대상으로 학교의 주인이 되기 위한 리더의 태도와 우리 학교의 문제를 발견하여 스스로 해결해볼 수 있는 방법들을 탐색해보는 '학생자치역량 강화 워크숍'을 진행하면서 이 과정을 교사들이 참관할 수 있도록 한 것이다. 또한 워크숍 참관 후에는 강사와 교사 간의 Q&A 시간을 통해 자치활동 지도에 관한 직접적인 노하우와 팁을 공유할 수 있는 시간까지 연결해냈다.

워크숍은 구성원 모두가 공동 사고를 해나갈 수 있는 출발선을 맞추는 과정이다. 교직원들이 한자리에 모여 교사연수를 진행하는 목적 또한 교직원들 간에 비슷한 결로 대화할 수 있는 토대를 마련하기 위함인 것처럼 말이다.

"선생님, 이렇게 좋은 것을 왜 우리 임원들만 배워요?"

갑작스러운 질문에 무엇을 보고 좋다고 생각했는가에 대해서는 물어보지도 못했다. 이미 리더로서 탁월한 역량을 갖춘 한 학생의 '공적 가치'를 담은 예리한 질문에 압도되어 순간적으로 당황했기 때문이다.

한 학년에 5~6개 반 학생들 모두가 한 자리에 모여 강사와 직접적인 호흡을 해야 하는 실습 위주의 워크숍을 진행하는 것이 비효율적이라 생각하여 우선적으로 학급 임원 5명만을 대상으로 진행하는 것을 당연하게 여겼던 판단에 물음표를 던져볼 수 있는 좋은 질문이었다.

같은 학교에 다니는 학생들이 이러한 워크숍에 참여해서 학생자치에 관한 정보를 공유하고 학교에서 겪고 있는 공동의 문제를 발견하여 민주적인 의사소통 방법을 통해 해결방법을 배워나가는 것은 분명 의미 있는 활동이다.

"좋은 프로그램으로 저희 학생들과 선생님들에게 도움을 주셔서 감사합니다. 앞으로도 잘 부탁드립니다."

"선생님의 좋은 기운을 받고 싶어서 그러는데 악수 한번 해 봐도 될까요?"

선생님들은 편안한 미소로 워크숍을 참관하셨고, 교장, 교 감선생님께서도 연수에 함께 참여하며 강사에게 따뜻한 눈 빛과 표정, 그리고 몸짓으로 애정 어린 피드백을 해주셨다. 이 모습을 보니 머지않아 이 학교만의 고유한 모습으로 학생 자치활동이 펼쳐질 것이라는 강한 확신이 들었다.

3일간 함께했던 학생들과 선생님들께 내가 힘찬 에너지를 드린 것이 아니라 그분들의 좋은 기운 덕분에 내가 신학기 를 행복하게 열고 있다는 것도 함께 알아차리게 됐다.

몇 년 전부터 학생들을 대상으로 학생자치역량 강화 워크숍과 회의 진행 방법을, 회장단들에게는 공약 만드는 방법과 리더의 자질에 관한 강의를 해오고 있다. 강의라는 표현을 사용했지만 솔직히 내가 하고 있는 활동은 우리 학교 학생이 아닌 타 학교 학생들에게 '학생인권과 학생자치'라는 주제로 수업하러 가는 것이고, 동료교사들에게 수업을 공개하는 것이다.

그런데 안타깝게도 나를 포함한 우리 교사들은 외부강사

가 수업에 들어오면 자리를 피해주려고 한다. 참관하는 것을 불편해하는 강사분들도 더러 계시기 때문이다. 나 또한 그들과 같은 교사의 신분을 가졌지만 강의라는 타이틀로 동료들을 만나게 되면 여느 강사들과 같은 위치에 놓이게 된다.

이 또한 주관적인 견해일 수 있지만 '학생자치'라는 주제는 일회성으로 끝나버리는 강의 주제들과는 분명 다르다. 학생들의 생활 속으로 직접적으로 파고 들어가야만 실현할 수 있는 영역일 뿐 아니라, 무엇보다 같이 생활하고 있는 교사가 학생들의 관심사를 알아채고 질문해주고 기다려주는 역할 없이는 결코 이루어질 수 없는 활동이기 때문이다.
학생자치에 대한 이해를 다지기 위해 이루어지는 강의와 실습 활동들의 맥락을 학생들 눈높이에서 이해하려는 노력 없이 학생들의 자치역량이 향상되길 기대할 수 없다는 것이다.

교사 대상 연수를 진행하다 보면 많은 선생님이 학생자치 방법을 활용하여 빠른 시일에 효율적으로 수업과 생활 교육의 변화를 꾀하고 싶어 하신다. 이를 위해서는 학생 대상 강의 시 학생들 곁에서 학생들의 깨끗한 대화를 엿들어보는 기회를 갖는 것이 무엇보다 중요하다.

그렇다면 교사와 학생 모두가 함께 적극적으로 참여하는 학생자치 워크숍을 어떻게 기획해볼 수 있을까? 강사의 의도를 우회적으로 부드럽게 전할 수 있는 방법이 없을까? 고민하고 또 고민해본다.

나의 간절함이 통한 것일까? 문득 번뜩이는 아이디어가 떠오른다.

'맞다! 내가 하고 있는 것이 공개수업이라면, 수업 전에 수업자 의도를 명확하게 전달하는 것이 중요하지?'

바로 연수 담당 선생님께 전화를 드렸다.

"선생님, 강의 전에 선생님들께 강의 의도를 전달할 수 있는 5분의 시간을 만들어주실 수 있을까요?"

확실히 달랐다. 강의 시작 전 5분의 짧은 시간이었지만 정성을 다해 오늘 내가 학생들과 하는 활동이 얼마나 중요한가와 앞으로 학생들과 학급 및 학년 자치를 진행할 상황들에서 활용 가능성을 높이기 위해서 중점적으로 보셔야 하는 관점 몇 가지를 간단히 말씀드렸다.

이 5분의 유무에 따라 선생님들의 참여 태도가 이렇게 다를 수 있구나 하는 사실에 놀라지 않을 수 없었다. 강의 후 교사 워크숍에서 오고 가는 말씀의 깊이도 달랐다. 명확한 목적을 갖고 강사와 학생들을 관찰한 결과로 얻게 된 축복처럼 보였다.

다음 학기 교육과정을 계획하는 시기, 교육기부라는 이름으로 학생들을 대상으로 학교로 찾아오는 강의 시작 전, 강사의 교육 의도를 짧게라도 교사들과 함께 나눠보는 시간을 가져보길 제안해본다.

교사연수를 따뜻한
만남으로 디자인하다

"저희 학교 선생님들 간에 학생자치를 주제로 함께 소통할
수 있는 자리를 만들어주실 수 있을까요?"

작년부터 광주광역시교육청에서는 소그룹 형태의 현장 맞
춤형 연수로 교사연수를 기획하여 운영해오고 있다. 소그룹
연수가 이끌어낸 몰입은 어떻게 만들어졌을까?

매일 얼굴을 보며 가깝게 지내는 분과 스스로의 생각과
행동들을 냉철하게 돌아보며 진지하게 대화하는 분위기를

만든다는 것이 생각처럼 쉽지 않다. 그러기에 '소그룹 현장 맞춤형 연수'라는 명목으로 강사가 퍼실리테이터로서 조직 구성원 간의 소통을 이끌어내면서 참여자들의 지식과 의식의 확장을 꾀할 수 있도록 한 것이다.

많은 수가 함께 하는 강의에서는 강사가 주인공이 되어 전하고자 하는 바를 명확하게 전달하는 데 목적을 둔다. 그러나 소그룹 연수에서는 결코 강사가 주인공이 될 수 없다. 서로가 마주보며 대화를 나눌 수 있는 분위기가 만들어지

소그룹 형태로 진행된 교사연수

면 그들은 부드럽게 서로의 이야기를 털어놓기 시작한다. 그 과정에서 강사는 대화 속에서 새겨야 할 것들과 달리 해석되어야 할 것들, 새로운 시각으로 만들어낼 수 있는 것들을 발견하여 질문해주고 사례를 나누게 된다.

이 과정이 부드럽게 진행된다면 연수생들은 그동안 그들이 궁금해하고 고민하고 있는 부분들을 개인들의 가치를 담아낸 내러티브 형식으로 풀어내게 된다. 이는 짜여진 각본이 아니다. 이 조직, 이 구성원들만이 풀어낼 수 있는 고유한 고민과 질문들이다. 예측할 수 없는 현장감 넘치는 이야기들이 오고 가는 재미가 쏠쏠하다.

강사 혼자 떠들어야 하는 강의에서는 좀처럼 맛볼 수 없는 예측하지 못한 질문들이 오고 가는 과정에서 만들어지는 긴장감으로 구성원들의 촉수가 민감해지는 느낌 또한 매력적으로 다가온다.

"우리의 문제를 나의 문제, 나의 문제를 우리의 문제로 어떻게 전이시킬 수 있을까요?"

"저학년도 다모임이 가능할까요? 저학년 자치활동은 어떻게 할 수 있을까요?"

"학생자치활동을 지도할 때 교사가 학생들의 자율성을 어디까지 열어줘야 할까요?"

"학생들의 자치역량을 어떻게 키워줄 수 있을까요?"

"전교어린이회 안건이 어느 정도 구체성을 가져야 할까요? 많은 문제 중에서 어떤 주제로 회의를 하면 좋을까요?"

"주제에 벗어난 대화가 나오지 않도록 할 수 있는 회의 방법이 있을까요?"

오늘 우리가 함께 나눈 주제들은 바로 그 시간, 바로 그 자리, 바로 우리들의 만남을 통해서만 만들어질 수 있는 고유한 우리들만의 스토리였다. 우리가 함께 한 2시간은 '연수'라는 무늬만 취했을 뿐, 헤어질 때 우리가 나눈 포옹만큼이나 '할 수 있다'는 희망을 노래한 선후배가 함께 한 따뜻한 만남으로 기억된다.

반 친구 모두가 함께하는
학생자치 워크숍

퇴근 무렵, 장문의 카톡 문자가 날아왔다.

"오늘 학생들 일기 검사하는데 어제 선생님 수업에서 배웠던 것을 적은 친구들이 많더라고요. 자치활동을 하는 목적과 의미를 이해하지 못하고 시작했더라면 학생자치활동을 분명 왁자지껄한 행사로 오해했을 거예요. 학교의 주인으로서 우리가 할 수 있고 해야 하는 일이 무엇인지 스스로 답해볼 수 있도록 질문을 던져주면서 학교의 주인이 되는 방법 중의 하나로 학생자치활동을 하는 목적을 설명해주신 것이 인

상적이었어요. 아침시간에는 서로 '나는 학교의 주인이 맞다,
아니다'라며 농담을 주고받더라고요."

어제 학생자치활동 관련하여 강의를 했던 학급 담임교사
의 반가운 메시지였다. 나 또한 한 학급 학생들을 대상으
로 강의를 해본 색다른 경험이었다. 매번 '리더'의 자리에 서
고 싶어 하는 임원과 전교회장단들을 대상으로 '리더십 캠
프' 형식으로 진행하다가 리더에 별다른 관심을 보이지 않
는 학생들이 더 많은 구성원들과 긴밀한 소통을 해보았던
것이다.

그러기에 학생자치활동을 리더가 되기 위한 방법과 태도
로써만이 아닌, '내 삶의 주인, 학교의 주인, 우리 반의 주
인이 되기 위해 어떠한 자세로 어떻게 살아갈 수 있는가'의
존재적 가치에 대해 질문하는 대화로 워크숍을 디자인해볼
수 있는 새로운 경험이 되었다.

내가 내 삶의 주인이 되어 주체적이고 능동적으로 참여
하고 실천하다 보면 자연스럽게 리더의 역할은 주어지게 될
것이며, 그때라야 '나'를 넘어 '우리'를 위해 '나의 역량을 어
떻게 발휘할 수 있는가'에 대해 질문을 품을 수 있게 될 것
이라는 기대와 설렘을 가져볼 수 있는 시간이었다.

한 반 전체를 대상으로 한 학생자치역량 강화 워크숍

"점심 때, 여학생 집단 상담을 했어요. 한 여학생이 그동안 자기는 문제를 자신 안에서 찾지 못하고 주변만 탓하고 있었다고 말하는 거예요. 얼마나 뿌듯했는지 아세요?"

학생자치활동을 해나가는 과정에서 문제를 찾고 해결해 나가는 데 있어서 문제의 원인을 선생님이나 부모님과 같은 타인에게 돌리면 결코 해결방법을 찾을 수 없기 때문에 '어떻게 하면 우리가 ~할 수 있을까?'로 접근해야 하는 이유에 대해 말했었는데, 이를 벌써 자신의 삶에서 적용해보는 힘을 가지게 되었다니 얼마나 놀라운 일인가.

"또래 친구들의 자치활동 사례를 보여주셨잖아요. 친구들
이 하는 것을 보면서 우리도 할 수 있을 것 같다는 자신감을
가진 듯해요. 틴트를 바르는 것에 대해 회의도 해보겠다고 하
고, 할로윈 데이 준비를 직접 계획해본다네요."

또래 친구들이 학생자치활동을 실천한 사례를 보면서 용
기를 얻은 듯했다. 자치활동이 그리 거창한 것이 아니라는
것을 알게 된 것이다. 자치활동은 우리의 일상이며, 우리도
마음먹고 부지런히 실천하면 충분히 해낼 수 있는 활동이
라는 것을 깨달은 것이다.

"제가 선생님 바톤을 이어서 우리 반 친구들의 자치역량을
조금이라도 더 키워서 6학년으로 올려 보내야겠어요."

이 얼마나 감동적인 담임교사의 성찰인가? 우리가 주변
을 자세히 들여다보고 찾아보지 않아서 그렇지 최은영 선생
님처럼 곳곳에는 귀하고 멋진 선생님과 학생들이 많다는 것
을 다시 한번 몸과 마음으로 느끼게 된다. 아름다운 가을만
큼이나 오래도록 기억하고픈 경험을 선물해주신 최은영 선
생님과 효광초등학교 5학년 2반 친구들에게 이 글을 통해
감사한 마음을 전하고 싶다.

작은 개인 공간이
필요한 이유

"얼굴 보니 좋네. 잘 살고 있어?"

같은 학교에서 근무하지만 공간이 달라선지 깊은 이야기
를 못 했던 후배 선생님과 모처럼 이런저런 마음을 나눴다.

"업무지원팀, 적응 잘 하고 있어?"
"담임할 때가 그리워요. 아이들과 알콩달콩 할 수 있었던
때가요."
"그렇지? 나도 아이들 에너지 덕분에 하루하루를 생기 있게

살고 있는 듯해. 어떤 일들이 벌어질지 예측할 수 없게 돌아가는 상황들이 매 순간 우리를 깨어 있게 만들어주는 것 같아."

성큼성큼 큰 이야기를 해도 서로의 생각에 쉽게 고개를 끄덕일 수 있는 후배가 있어서 좋다.

"올해 처음 업무지원팀 하면서 어떤 점이 가장 힘들어?"
"업무가 많다 보니 일상에 늘 긴장감이 돌아요."

나를 살아 있게 만드는 아이들의 '예측할 수 없음'과 민원과 다수의 의견조정과 합의 등을 이끌어가는 과정에서 오는 긴장감이 만들어내는 '예측할 수 없음'이 이렇게 다르구나!

"계속 긴장하면서 일하면 힘들겠다. 의식적으로 긴장을 풀수 있는 노력을 해야 할 텐데······. 어떻게 해볼 방법이 없을까?"
"일하는 중간중간 나만의 공간에서 편안하게 쉬고 싶은데, 나만의 공간이 없는 것이 아쉬워요."

맞다! 일의 효율성이 절대 기준이 되어 지원팀 모두가 같은 공간에서 있다 보니 서로의 감정이 끊임없이 노출될 수밖에 없는 환경이 되어버렸구나. 나 또한 담임 업무가 갖는 매력 가운데 나만의 독립 공간을 가질 수 있다는 것을 가장 크게 여기고 있지 않은가? 외향적인 나조차도 타인과의 교류를 통해 에너지를 얻는 시간만큼 오롯이 나에게만 집중할 수 있는 시간을 수시로 가져야 업무의 능률이 오른다는 걸 잘 알기에 안타까움이 컸다.

"좋은 방법이 없을까? 우리 학교도 회의실 등 특별실로 사용하는 공간들이 있지만 늘 회의가 이루어지는 것은 아니잖아. 그런 공간만이라도 업무팀 선생님 희망에 따라 아담하게라도 한쪽에 업무와 쉼을 공유할 수 있는 개인적인 공간을 만들어주면 좋겠다."

"업무팀은 일의 효율성을 위해 무조건 함께 모여 있어야만 한다고 생각했는데, 혼자만의 독립된 공간에서 일할 수 있도록 작게라도 공간을 만들어주면 정말 좋겠네요."

"그래! 노트북을 사용하면 교무실과 개인실에서 일을 병행하는 것이 어렵지 않을 것 같은데……."

그렇다. 효율성이 절대가치가 되어버렸을 때 우리는 소외된다. 학교에서 지원팀 업무를 꺼려하는 경우가 많다. 분명 업무가 많아서일 수도 있다. 그러나 무엇보다 관계에서 오는 긴장감의 무게가 더 클지도 모른다. 상대의 감정을 그대로 흡수해버리는 사람의 경우는 특히 가까운 공간에서 다른 사람과 하루 종일 함께 있어야 한다는 것은 얼마나 큰 고통일까? 결코 남의 일이 아니다. 바로 그 남이 내가 될 수 있다.

현실적으로 불가능하다고 미리 단정 짓지 말자. 가능할 수도 있다는 여지만이라도 남겨두자. 그 열린 가능성 사이로 아주 작은 방법 하나라도 들어올 수 있도록 하자. 그러다 어느 날 문득 생각 하나가 찾아들지 모르니 말이다. 그리고 업무지원팀 선생님들께 자주 자주 물어봐주자. "잘 살고 계세요?"하고.

교사자치와 학부모자치가
하나되다

"은사님께서 저희 아들 녀석한테 해주셨던 것에 비하면 이것은 아무것도 아닙니다. 언제든 궁금한 것이 있으시면 또 전화 주세요."

요즘 같이 사는 짝꿍이 수의학 치과 파트 공부에 푹 빠져 살고 있다. 워낙 자학자습이 뛰어난 분이라 몇 달간 집중해서 공부하더니 특허제품 출시 단계에 이르렀다. 그래서 주변에 변리사 아는 분이 있으면 조언을 구했으면 한단다. 순간 작년 우리 반 성민이 아버님이 떠올라 소개해드렸다.

작년에 성민이가 발명 아이디어 대회에 참가해서 우리 반 친구들 모두가 성민이 덕분에 성장할 수 있는 좋은 기회가 되었다. 성민이 아버님은 그때 예상 인터뷰 질문도 같이 만들고 시행착오 과정도 함께 경험했던 것에 대한 고마움이 크신 듯했다. 담임으로서 마땅히 해야 할 일을 충실히 했을 뿐인데 감사한 일이다.

학부모님들 직업군이 워낙 다양하다 보니 가끔 지인 찬스가 필요할 때면 내게 도움을 청하시는 분들이 종종 있다. 내가 학부모님들과 가깝게 지내는 것을 지켜본 분들께서 주로 물어본다는 것이 정확한 표현이겠다.

결혼 전, 머리가 산발이 되어 등교한 학생들을 보면 '어쩜, 머리를 저렇게 해서 보낼 수가 있을까?' 도저히 이해되질 않았다. 그러나 막상 아이를 키워 보니 저녁에 샤워를 시키고 재우면 아침에 머리카락이 이상해질 수밖에 없다는 것을 알고 뒤늦게 얼마나 미안했는지 모른다.
학부모님들께 그러한 동병상련의 마음이 자연스럽게 들면서 언젠가부터 더 이상 그들이 불편함의 대상이 아닌 든든한 조력자로 다가왔다. 세상에서 가장 귀한 자녀가 매개가 된 끊을래야 끊을 수 없는 단단한 네트워크를 만들어가는 재미 또한 쏠쏠하다.

몇 년 전 학습연구년제를 하던 해에는 '학부모 시각에서 학교를 어떻게 바라볼 수 있을까?' 하는 '학부모자치'라는 명목으로 학부모님들과 흠뻑 가까워지는 시간을 가져보기도 했다. 등굣길 교통안전을 돕는 녹색어머니회 활동을 하고 모닝커피에 토스트를 먹으면서 수다를 떨어보기도 하고, 점심시간 중학교 생활안전을 위해 교내 순찰을 도는 패트롤맘을 하면서 학교 흉도 봐보고, 어머니 독서회와 자유학기제 도우미 활동, 반 대표를 하면서 학부모님들과 인문학 여행을 떠나 늦은 밤까지 학교와 교실 이야기를 하면서 술잔을 기울여보기도 했다.

학부모님들이 학교를 바라보는 시각? 결코 특별한 게 없었다. 우리 담임선생님이 내 자녀에게 따뜻하게 대해주고 격려해주면서 기회를 열어주면 은사님이고, 의심하고 화내고 꾸중만 하면 아줌마, 아저씨로 불릴 뿐이다. 결국 교사와 학생의 관계에 따라 학부모에게 좋은 학교와 안 좋은 학교로 판단된다.

올해 가깝게 지내는 동료선생님들과 민주시민교육 교사 동아리를 운영하고 있다. 다가오는 금요일에 시민운동가이신 우리 반 준우 아버님께 강의를 의뢰했다. 학년의 리더로서 공동체 활동을 위해 자신이 해야 할 역할을 분명하게 알고 있는 준우, 바로 그 아이의 아빠에게 듣는 이야기이기 때문에 새로운 시각에서 시민교육을 재해석해볼 수 있지 않을까 기대가 된다. 과연 준우 아버님께서는 어떤 이야기를 하실까 벌써부터 궁금하다.

학부모와 교사는 불편한 관계가 아니다. 언제든 서로 도움이 필요하면 도움을 주고받는 조력자다. 준우 아버님과 우리의 관계처럼!

현장 교사들의
적극적인 참여를 이끄는 법

"선생님과 함께 삶에 대해 이야기하면서 제주도를 여행했던 3일간이 꿈만 같아요. 상상도 못했던 일이 현실로 일어나고 있는 지금이 도저히 믿기지 않네요."

2013년 5월, 교육실습생과 지도교사의 인연으로 시작되었던 우리의 만남이 6년의 시간이 지난 지금은 스승과 제자가 아닌, 동료교사가 되어 있다. 언젠가는 학생들과 어떻게 소통해야 하는지를 시범을 통해 일방적으로 알려주는 관계였다면 지금은 각자 겪고 있는 생활 속 이야기를 풀어놓으면서 서로를 지지해주고 위로해주는 사이로까지 자연스럽게 발전한 것이다.

바쁜 일상 속에서 우리가 어떻게 이러한 발전된 관계를 이어나갈 수 있었을까? 단언컨대 교육지원청 담당 장학사의 수업 정책 기획력 덕분이다. 몇 달 전, '멘토와 멘티의 수업여행' 계획을 세우는 과정에서 장학사님께 수업여행에 관한 정책 기획 의도를 여쭤본 적이 있다. 정책 기획 방향성은 한마디로 '관계의 지속성'으로 정리가 되었다.

일회성 활동이 아닌, 1년간 지속적으로 관계를 이어나갈 수 있는 조건 속에서 참여자들이 프로그램을 재기획해볼 수 있는 자율성까지 부여함으로써 자발성의 동력을 끌어내고자 한 강한 의지를 녹여낸 정책이었다. 이러한 깊은 고민 끝에 탄생한 정책 덕분에 우리는 올 한 해를 가치 있고, 의미 있는 일에 시간과 에너지를 쏟으며 보낼 수 있는지도 모른다.

그런데 이렇게 함께 성장할 수 있는 정책들이 펼쳐지고 있음에도 불구하고 왜 현장 교사들의 적극적인 참여가 이루어지지 못하는 것일까? 지난 주말 전문적 학습 공동체 대표자 워크숍에서 현재 우리 교육청에서 이루어지고 있는 수업 관련 정책들의 효과성에 대해 토론해보는 시간을 가졌다. 진지한 대화가 오고가는 과정에서 수업에 관한 다양한 교육정책

들이 펼쳐지고 있음에도 불구하고 현장의 움직임이 더딘 원
인 몇 가지를 발견해낼 수 있었다.

현장 교사들은 정책 기획자의 의도에 따라 다양한 색깔로
펼쳐지고 있는 수업 관련 정책들을 몇 가지 관점으로 해석
하고 자신이 기대하는 관점으로만 정책의 효과성을 판단하
고 있던 것이다. 분명 '수업 나눔'이라는 주제로 다양한 수업
정책들이 펼쳐지고 있고, 정책들 간에 차별성이 있음에도 불
구하고 이를 명확하게 읽어내지 못하다 보니 현장에서 활동
의 방향성을 계획할 때 어려움을 겪거나 동참을 이끌어내지
못했던 것이다.

이러한 문제를 해결할 수 있는 방법이 없을까? 며칠 전,
어느 기업 연수에서 연수 기획자가 강사에게 강의 후 피드백
을 다음과 같이 전하면서 눈시울을 붉혔다는 말씀을 들은
적이 있다.

"우리 직원들에게 그동안 밥에 김치만 주다가 오늘에서야
제대로 된 고기반찬을 준 듯해서 미안했어요. 그동안 많은 연
수들을 준비하는 과정에서 제가 고민이 부족했다는 생각이
들었어요."

그렇다. 교육 대상자들에게 가까이 다가가서 그들의 필요와 요구를 물어보고 면밀히 관찰한 연수 기획자가 연수의 목적에 대해서 명확하게 알고 있기에 교육의 효과성 또한 빠르게 분석해낼 수 있는 시선을 갖는 것은 당연하다. 프로그램 기획자가 교육 대상자에게 직접 기획 의도와 실천 방향성을 전할 때 기대되는 효과가 높아질 수 있다는 것이다.

문득 신간 도서를 소개해주는 방송 프로그램이 떠오른다. 새로운 교육 정책을 정책 기획자가 직접 소개해주는 미니 영상을 교육청 홈페이지 배너 한 곳에 올려보면 어떨까 하는 생각이 들었다. 펼치고자 하는 정책이 광주 교육정책의 큰 맥락에서 어떻게 연결되고 다른 정책과 어떠한 차별성을 갖는지를 정책 기획자의 살아 있는 언어로 현장 교사들에게 전할 수 있다면 정책에 대한 이해를 높여줄 수 있을 뿐 아니라 정책 홍보 효과도 기대할 수 있지 않을까?

학생자치,
참관이 아닌 참여

올 초, 인근 혁신학교에서 선생님 한 분이 부임해 오셨다. 운이 좋게도 그분께서 한 학기 동안 우리 학년 음악을 지도 하신다. 음악 선생님께서는 교과서에 실린 지루한 곡을 일상 에서 익숙하게 접할 수 있는 편안하면서도 계속 듣고 싶은 음악으로 재구성하여 기타 반주로 수업을 하신다.

그 덕분에 가끔은 쉬는 시간 동안 복도 의자에 앉아서 기 타 조율도 하시고 연주곡을 연습하는 모습도 볼 수 있다. 그 런 선생님의 모습을 볼 때면 나도 학생이 되어 교실 의자에 앉아 수업에 참여하고 싶다는 마음이 자연스럽게 들곤 한다.

며칠 전 사석에서 음악 선생님께 "선생님, 수업을 보러 가도 될까요?"가 아닌 "선생님 수업이 듣고 싶어요!"라는 말을 하고 있는 나를 발견했다. 동료교사의 수업을 관찰하고 피드백하기 위한 '참관 수업'이 아닌 온전히 학생의 입장이 되어 정성껏 준비하신 수업에 참여하고픈 마음이 들어 나도 모르게 '수업을 듣고 싶다!'는 표현을 사용하게 된 것이다.

최근 교육현장에서 교사들 간에 서로의 수업을 공개하는 수업 나눔 활동이 제대로 자리잡지 못하고 있다. 수업 나눔 활동이 정착되지 못하는 이유가 무엇일까? '참관'의 문화가 만들어내는 평가에 대한 부담감 때문일까?

이러한 부담을 줄이기 위해 '학부모 참여형 수업'처럼 '교사 참여형 수업'으로 수업 나눔 활동을 디자인해보면 어떨까? 교사가 학생이 되어 수업에 주체적으로 참여해보는 것이다. 수업을 직접 참여한 후 알게 된 점이나 느낀 점 등을 학습자 입장에서 이야기하다 보면 '수업 평가'가 아닌 '수업 성찰'로 이어지는 수업 나눔 문화가 자연스럽게 형성될 수 있지 않을까?

느린
우체통 편지

"이게 뭐지?"

퇴근길, 우편함에 노란색 엽서 한 장이 보인다. 1년 전 천관 문학관에서 '내 자신에게 들려주고 싶은 한마디'를 엽서에 정성껏 적어서 느린 우체통에 넣었던 기억이 갑자기 떠오른다. '지금 이 순간, 어떻게 살고 있는지 숨을 고르고 스스로를 보자. 여기까지 잘 왔다'는 굵직하게 쓴 글씨가 가슴속으로 파고든다.

영화 속 한 장면처럼 '과거의 나'와 '현재의 나'가 만나 한참 동안 이야기를 주고받는다. '걱정 마! 잘하고 있어!' 토닥토닥, 서로를 격려해주기도 한다. 오늘 학교에서 학생들 간의 다툼을 성숙한 교사답게 현명하게 잘 지도했나 고민하던 복잡한 마음이 차분하게 정리된다.

재량휴업일, 우체국에서 오랜만에 손편지를 보낸다. 작년 이맘때, 공부 모임에서 선생님들께서 공부 후의 생각이나 느낌 등을 적은 엽서를 재량휴업일의 여유를 만끽하며 내가 대신 발송하는 것이다.

일상에서 질 높은 수업을 위해 효과적인 수업 설계 방법을 탐구해가는 것처럼 전문적 학습 공동체 연구 모임에서도 질 높은 자발적 연구 활동을 만들기 위해 연구 활동 프로세스를 탄탄하게 디자인하기 위한 다양한 시도들을 작년부터 진행해오고 있다.

교실에서 학생들의 사고력을 신장시키기 위하여 활용하던 교구들과 교수법을 전문적 학습 공동체 연구 활동에서 그대로 활용해보기도 하고, 포스트잇과 네임펜을 활용하여 모두가 참여자가 될 수 있는 퍼실리테이션 기법도 적용해보고 있다.

이러한 우리들의 다양한 모험 사례 중에 오늘 보낸 '느린

느린 우체통 편지

우체통 편지'도 포함되어 있다. 천관 문학관에서 부친 엽서
를 받았을 때의 경험을 연구 회원들과 나눈 후 이를 수업 성
찰 도구로 활용해보기로 한 것이다. 연구 활동 후 알게 된
점이나 느낀 점 등을 기록한 개인 성찰을 엽서에 기록한 후
초심을 잃고 일상에 지친 뜻밖의 어느 날 '과거의 내'가 '현
재의 나'에게 주는 격려의 메시지를 받는다면 어떨까? 일상
의 활력을 주는 특별한 이벤트가 되지 않을까? 그 제안을
현실에서 펼쳐본 것이다.

  며칠 후, 행운의 문자가 날아든다.

  "그동안 잊고 있었던 내가 나에게 쓴 편지를 받았네. 어제오
늘 우울했는데 기쁨을 전달해줘서 고마워."

"까맣게 잊고 있던 내가 나에게 보내준 편지를 받았어요. 불쑥 찾아든 반가운 손님처럼 한참을 웃었네요."

"수업하고 와서 밤 10시까지 나눴던 수업 수다. 피곤했지만 즐거움이 더 컸지요? 우리 참 대단하지 않아요? 올해도 화이팅!"

순간의 지적 쾌락에 그칠 수 있는 연구 활동의 성찰과 깨달음을 일상의 교실 안으로 연결해낼 수 있도록 한 느린 우체통 성찰 활동을 다양한 연구 모임과 교내 연수 후 후속 활동으로 활용해보면 어떨까?

인간은 망각의 동물이다. 분명 과거에 크고 작은 일들을 경험하면서 느끼고 깨달았던 바가 강렬했음에도 불구하고 까맣게 잊고 매번 같은 실수를 반복하면서 살아간다. 그래서 우리는 자신의 삶을 성찰하고 기록하는 과정을 꼭 가져야 하는지 모른다.

2006년부터 광주광역시교육청에서는 범시민 독서운동의 일환으로 책 읽는 공동체 문화 형성을 위해 학생, 교직원, 시민을 대상으로 '빛고을 독서 마라톤'을 실시하고 있다. 여기에서 아이디어를 얻어 자발적인 수업연구 문화 조성을 위한 '수업성찰 마라톤'을 기획해보면 어떨까? 독서 후 생각과 느낌을 적는 방식처럼 수업 후의 개인 성찰을 꾸준히 기록해보는 것이다. 힘들면 동료 교사들과 함께 뛰어도 좋다. 2명, 3명이 바톤을 주거니 받거니 하면서 우리가 지향해가야 할 그곳으로 손잡고 건너가보면 어떨까?

미래교육 100년을 준비하며

교육의 가치에 그 이상의 가치를 더하는 것들이 있다. 교육이 가르침과 배움이라는 문서상의 정의를 넘어 교육주체들의 보편적 삶이 바탕이 되는 자치를 만났을 때이다.

이 책은 느리지만 사회변혁을 위한 유일한 수단인 교육과 자치의 만남에 대한 이야기다. 교사라면 누구나 한번쯤은 겪어보았을 다양한 교단의 갈등과 소소한 일상의 애환들을 자치의 시각으로 풀어냈다. 특히 자치를 교사와 학생의 관계를 넘어 삶의 비전을 공유하고 더 많은 책임과 평등을 나누는 동반자적 관점에서 풀어냈다는 점에서 교육적 의의가 있다.

사회의 패러다임 변화와 함께 교육현장은 미래교육을 위한 긴 호흡을 준비하고 있다. 세상의 모든 가치를 실현 가능케 하는 가르침과 배움이라는 두 교육활동의 위대함에 자치의 철학을 섬세하게 더해주고 있는 이 책은 삶과 연계된 가치를 품은 미래교육을 위한 우리 교단의 품격을 높이는 데 어떠한 부족함도 없다고 본다.

이 실천서가 미래교육 100년을 새롭게 준비하는 교육자치 시대에 빛고을 자치교육이 교육의 단순 콘텐츠로서의 한계를 뛰어 넘어 교육현장의 민주성이 담보된 연대를 통한 실천적 민주주의를 구현하며 우리 모두의 인도주의적 삶 자체로 확장되는데 귀한 에너지로 쓰이기를 바란다.

'발견은 준비된 사람이 맞닥뜨린 우연이다'라는 말이 있다. 이 책의 발견이 자치교육을 준비하는 모든 동료들에게 귀한 우연이될 것이라 확신한다.

2019년 11월
저자들을 대표하여
송미나

교사, 자치로 깨어나다

초판 1쇄 발행 | 2019년 11월 28일
초판 2쇄 발행 | 2020년 8월 15일

지은이 | 김경희 외 9인

발행인 | 김병주
출판부문 대표 | 임종훈
주간 | 이하영
편집 | 권은경
디자인 | 박대성, 이수정
마케팅 | 박란희
펴낸 곳 | (주)에듀니티(www.eduniety.net)
도서문의 | 070-4342-6110
일원화 구입처 | 031-407-6368 (주)태양서적
등록 | 2009년 1월 6일 제300-2011-51호
주소 | 서울특별시 종로구 인사동5길 29 태화빌딩 9층

ⓒ 김경희 외 9인 2019

ISBN 979-11-6425-041-7 13370
책값 15,000원